儿子，青春期你一定要懂的事儿

胡琳 —— 编著

北京理工大学出版社
BEIJING INSTITUTE OF TECHNOLOGY PRESS

版权专有　侵权必究

图书在版编目(CIP)数据

儿子，青春期你一定要懂的事儿 / 胡琳编著. —北京: 北京理工大学出版社, 2020.5（2024.8重印）

ISBN 978-7-5682-8374-8

Ⅰ.①儿… Ⅱ.①胡… Ⅲ.①男性 – 青春期 – 家庭教育 Ⅳ.① G782

中国版本图书馆 CIP 数据核字（2020）第 061673 号

出版发行 / 北京理工大学出版社有限责任公司
社　　址 / 北京市海淀区中关村南大街 5 号
邮　　编 / 100081
电　　话 /（010）68914775（总编室）
　　　　　（010）82562903（教材售后服务热线）
　　　　　（010）68944723（其他图书服务热线）
网　　址 / http://www.bitpress.com.cn
经　　销 / 全国各地新华书店
印　　刷 / 三河市华骏印务包装有限公司
开　　本 / 710 毫米 × 1000 毫米　1/16
印　　张 / 16.5　　　　　　　　　　　　　责任编辑 / 闫风华
字　　数 / 240 千字　　　　　　　　　　　 文案编辑 / 闫风华
版　　次 / 2020 年 5 月第 1 版　2024 年 8 月第 13 次印刷　责任校对 / 刘亚男
定　　价 / 42.00 元　　　　　　　　　　　　责任印制 / 施胜娟

图书出现印装质量问题，请拨打售后服务热线，本社负责调换

前言

  人们常说"望子成龙"。有儿子的父母都希望自己的儿子能成为真正的男子汉,能阳光、健康地成长。如果你的儿子现在十几岁,你是否发现:这一两年的时间里,孩子突然长高了很多,原来与自己无话不谈的儿子现在对自己关上了心门,一天到晚都说不上几句话;原来把所有精力放到力争第一名上的儿子如今却迷上了网络游戏;原来老师和家长眼里的乖男孩,却突然学会了打架……你是否会产生疑问,我的儿子怎么了?

  其实,这都是青春期惹的祸,这些语言和行为也是孩子进入青春期的表现。那么,什么是青春期?所谓青春期(又称青少年期),是儿童期至成年期的过渡时期,在这一时期孩子的体格、性征、内分泌及心理等方面都发生了巨大的变化,个性、品质等世界观及信念逐步形成。

  教育心理学家认为,大部分孩子的青春期出现在 10~16 岁,孩子进入这个年龄段,随着身体的发育以及知识面、阅历的增加,他们的自我意识不断增强,他们渴望摆脱对父母的依赖,因此,极易对父母产生逆反心理而不服父母的管教。

  对孩子来说青春期是非常重要的时期,无论身体上还是心理上,都会产生巨大的变化,身体的变化更给男孩的心理带来冲击。男孩虽然没有女孩娇贵,但面对青春期的这些变化，也会感到忧虑、惶恐和不安，作为父母的我们，有义务帮助孩子排除这些负面情绪，让他健康、快乐地度过青春期。

为此，身为父母，我们需要给青春期的儿子上一堂青春期生理、心理、心态以及社会知识的课，让儿子能用一种积极健康的心态面对青春期遇到的各种问题。

然而，青春期的家庭教育不是一门简单的学问，很多问题也比较敏感，需要父母认真对待。但也并不难，只要父母们学习并掌握有关青春期教育的知识，并对男孩加以耐心地引导，就可以避免男孩误入歧途。如果父母还把青春期男孩当孩子看待，试图控制男孩，不去理解并尊重男孩，那么男孩不但不会接受，还会用反叛、固执、粗鲁、执拗、孤僻等极端的情绪来对抗。

这本《儿子，青春期你一定要懂的事儿》就是针对青春期男孩的成长问题，对青春期男孩遇到的各种困惑予以解答，并且对他们这段时间的人生观、价值观予以正确的引导，希望所有的青春期男孩都能够在暴风雨般的青春期快乐、健康地成长。

最后，希望本书能成为父母和青春期男孩的最好礼物！

目录 contents

第一章
青春期来临，如何面对身体成长中的困惑

3 | 为什么我的声音变得这么难听

7 | 脖子上为什么会长出一个硬块

11 | 身体上冒出这么多"杂草"怎么办

14 | 我要拔了我的小胡子，太难看了

17 | 烦人的青春痘，怎么消除

21 | 一运动出汗，身上就臭烘烘的

24 | 为什么我们男孩子的胸部也变化了

27 | 好自卑，我还没有女生个子高

第二章
别害羞，私密部位的发育知识早知道

33 | 男性生殖器官是怎样的

37 | 成年人的那里为什么颜色深

40 | 什么是包皮过长和包茎

43 | 那里发炎了可怎么办

46 | 阴茎偏向一侧，是不是畸形

49 | 成年人的阴茎为什么有大有小

52 | 我好像又画"地图"了，怎么回事

55 | "一滴精"真的是"十滴血"吗

花季困惑，青春期大方面对"性"的问题

61 | 保护私密处，防止受伤

64 | 为什么一到早上它就挺立了

67 | 有性幻想了，内心好愧疚

71 | 自慰的危害你要知道

74 | 青春期性行为不可取

77 | 套套的作用不只是避孕

80 | 偷尝禁果了，怎么办

青春悸动，了解一些与女孩有关的生理知识

85 | 为什么现在看女生的感觉与以前不同

88 | 如何与女孩子相处

92 | 如何处理女孩子写的情书

95 | 喜欢上一个人怎么办

98 | 同学们总是议论我和那个"她"

101 | 青春期女孩身体发育过程是怎样的

104 | 女孩子的隐私部位是怎样的

第五章
叛逆青春，不要让心理问题影响你

109 | 好像总是无法集中精力学习

112 | 心中总是一股无名火是怎么回事

115 | 是不是坏坏的男孩更受女孩欢迎

118 | 我要追求自己的个性

121 | 能不能讲哥们儿义气

124 | 面对挫折，一蹶不振

127 | 我要自由，别总是管着我

第六章
青春易逝，无论如何别耽误学习

133 | 你是在为谁学习

136 | 没有好的学习心态，怎么能学好

139 | 不喜欢这门课的老师，也要认真学习

142 | 要有自己的个性学习方法

146 | 考试失利，并不意味着就是失败

149 | 劳逸结合，学好也要玩好

152 | 努力学习，也别给自己太大压力

第七章
健康生活，男孩要学习一些保健知识

157 | 青春期有哪些常见病
161 | 每天保证摄取充足营养
164 | 坚持锻炼，提升身体素质
167 | 晚睡、熬夜危害大
170 | 变声期，不要忽视保护嗓子
173 | 青春期男孩，不宜穿紧身裤
176 | 成为"顶天立地"的高个子

第八章
远离危险禁区，青春期男孩要保护好自己

183 | 远离烟酒，珍视健康
187 | 别让"黄毒"让你的花季蒙上阴影
190 | 通过正面方式学习"性教育"知识
193 | 不要沾染赌博这种恶习
196 | 积极学习禁毒知识，防范毒品侵害
199 | 面对校园暴力，用法律武器保护自己
202 | 拉帮结派不参与

第九章
锻造优秀品质，做有魅力的男子汉

207 | 管理情绪，青春期别随意发脾气
210 | 摒弃虚荣心，一步一个脚印
213 | 恒心第一，不可三分钟热度
216 | 做事有规划，才能事半功倍
219 | 培养责任感，男子汉责任第一
222 | 重视时间，要有强烈的时间观念
225 | 诚信是立世之根本

第十章
经营友情，做受人欢迎的阳光少年

231 | "礼"多人不怪，礼貌待人
234 | 一视同仁地对待"不起眼"的人
237 | 积极交往，多参加有意义的聚会
240 | 学习合作，获得双赢
243 | 感恩对手，对手让自己不断蜕变
246 | 沟通想法，老师是你的第二个家长
249 | 换位思考，跨越亲子间的"代沟"

第一章 Chapter 1

青春期来临，如何面对身体成长中的困惑

青春期是孩子生命曲线的又一个高峰期，当青春绽放的时候，你是否注意到自己的身体有了新的变化：声音突然变得沙哑，像只唐老鸭；脖子上开始凸起一个小块；身体上开始出现"草丛"，难看极了；胡子也开始如雨后春笋般长起来；脸上还冒出了讨厌的痘痘；运动之后出汗多，身上也是臭臭的；头上居然长出了像爷爷那样的白发；个子还是那么矮，在女生面前都抬不起头来。这样一系列的变化，给正处于青春期的你带来了一些困惑和烦恼，下面我们就对这些情况一一详解，帮助你健康地度过青春期。

为什么我的声音变得这么难听

青春期成长事件：音乐课上的尴尬

"丁丁，起床了，上学该迟到了。"还在睡梦中的丁丁模糊地听到了妈妈的叫声，想着已经周一了，马上从床上下来，向妈妈喊道："就来了。"说完了话，发现自己嗓子发紧，好像声音也变得嘶哑了。丁丁心想：是不是昨天晚上把被子踢掉，感冒了？他不禁摸了摸自己的额头，咦，不烫啊，那自己的声音怎么会这样呢？

他一边想着一边穿衣服，穿好了衣服之后，他就跑到书房去翻抽屉。妈妈听到书房有声音，便大声问道："丁丁，在干吗呢？赶快来吃饭，抓紧时间上学去。"丁丁来到厨房，问："妈妈，家里的感冒药放哪儿了？"妈妈闻声转过身来，摸了摸丁丁的额头："感冒了吗？怎么嗓子变得像唐老鸭似的。"丁丁点点头，妈妈从书房拿来了感冒药，丁丁服下之后就拿着面包和牛奶出门了。

丁丁来到教室，就听到了班里同学大声喊："课上音乐课，语文老师有点事，换课了。""耶！"下面传来一阵欢呼声，连丁丁都忍不住大叫一声："好啊！"同桌丽丽有点奇怪地看着丁丁:"丁丁,你的声音怎么了?感冒了吗?好难听哦,真像动画片里的唐老鸭。"丁丁有点儿难为情地笑了笑:"我已经吃感冒药了。"

音乐课上,老师为了检查同学们在下面练习的成果,就点几位同学起来单独唱歌,丁丁也在被点名之列。前面几位同学都唱得很好,轮到丁丁了,他一点儿也不紧张,因为他是班里公认的"百灵鸟",可是,他开口唱出第一句,就引来了全班同学的哄堂大笑,他的声音嘶哑,完全失去了童声的纯真。丁丁吓坏了,愣在那里。音乐老师微笑着走到他身边,亲切地告诉他:"不要担心,这是青春期的变化。"青春期?丁丁心里充满了疑惑。

送给青春期男孩的话

为什么男孩子进入了青春期,声音就开始变得嘶哑,甚至出现像唐老鸭那样难听的声音呢?其实,这是因为你已经进入了青春期的变声期,你肯定注意到爸爸的声音要比你低沉很多吧。你问过为什么会这样吗?是否爸爸的声音一直都是这样低沉、浑厚呢?当然不是,他在小时候也有像你那样纯真的童声,后来经过了青春期的变声期,才变成了这样低沉、浑厚的嗓音。现在,当你声音的变化没有完成的时候,有时候会听起来粗哑、尖厉、变调,让人尴尬,但这并没有什么好担心的,几个月之后,你的声音才会平稳,因为完成声带的发育是需要一点时间的。那么,什么是青春期的变声期呢?下面我们就一起揭开它神秘的面纱吧。

1. 什么是变声期

大家都知道,当男孩子进入了青春期以后,无论是他的身高、体重,还是身体的其他器官,都在迅速地发生变化,其中声带、咽、喉等器官都在短时期内迅速增长,这时候,你会发现你说话会与童年时期有所不同,这种嗓音发生明显变化的时期称为变声期。

变声期一般发生在初中一年级前后,也就是12～14岁这一时间段。在这段时期内,因为男生的喉头变大、声带增长,从而导致男生的音域狭窄,发音疲劳,声音嘶哑等,有人也称之为"破嗓子"。当你对着镜子认真观察自己时,会发现你的喉结变大了,不过不是很凸出。现在你就需要耐心等待,再过一个时期,你的嗓音就会由童声变得粗而低沉,酷似成年男性的说话声音,这时喉结就会显著地凸出。

2. 变声期的烦恼

当你处于变声期的时候,你的声音可能全混乱了,它会一会儿又高又尖,一会儿又低又沙哑。这会让你感到很无奈,因为你不能控制声音的变化。它有可能在错误的时间变得又高又尖,让你当众出洋相,这或许会成为同学们取笑你的原因,给你带来烦恼,但是请记住:这是你成长的标志,也是你从青少年到成年的过渡,有些男孩子也许会嫉妒这件事先发生在你身上呢!

3. 保护好嗓子

另外,不同的孩子,他的变声期是不一样的,有的孩子变声期较短,可能才4～6个月,但有的孩子变声期可长达1年左右。

另外,在变声期,你的声带会发生明显的变化,如声带充血、肿胀、分泌物增多,所以,你的嗓子就很容易受伤。那么,如何来保护这一时期的嗓

子呢？为了保护好自己的嗓子，这一时期不要大声喊叫，不要长时间大声说话；尽量避免不良外界因素的刺激，不要吸烟，不要吃刺激性食物；做到劳逸结合，积极参加体育活动，防止感冒。

脖子上为什么会长出一个硬块

青春期成长事件：我得了怪病吗？

丁丁已经进入青春期了，声音也变得嘶哑起来，刚开始的时候，同学们还笑话他，可后来大家通过老师的讲解，都明白了这是青春期的正常现象，班里的男生不禁都开始羡慕起丁丁来。于是，得意的丁丁故意在同学面前炫耀，甚至把唐老鸭的声音学得惟妙惟肖，让老师和同学都忍俊不禁。不过，这两天丁丁感觉自己的喉部发紧，连说话都觉得很疼，更奇怪的是，自己的脖子上凸起了一个小块。用手去摸，不疼也不痒，自己说话的时候，"这个小块"还一颤一颤地动，丁丁觉得很奇怪，怀疑自己是不是得了什么怪病。

于是，丁丁把外套拉链使劲儿地往上拉，把整个脖子都围了起来，总算遮住了脖子上的凸块。他来到学校，刚坐下，就被班上调皮的罗小松拉住，丁丁立刻拉住自己的衣服，样子显得很滑稽。罗小松的眼珠子转了转，狡黠地笑道："丁丁，里面藏了什么好东西？给我瞧瞧，是不是你妈妈又给你买了新衣服啊？"丁丁另一只手挥舞着："哪里有什么好东西，走开啦！"罗小松有点怀疑地看着丁丁，讪讪地走开了。在学校一整天，丁丁都显得心神不定，害怕自己得了什么不治之症，话都很少说了。

晚上回到家，他看着爸爸妈妈，欲言又止。吃过晚饭之后，一家人坐在沙发上看电视，电视里正在讲述一个故事：主人公的脖子上突然长出了一个东西，经医生诊断得了喉癌。丁丁听到主持人的讲述，惊呆了，用手摸摸自己的脖子，那个小块越来越大了，怎么办？看着坐在身边的爸爸妈妈，丁丁不禁悲从心来，低头擦起了眼泪。细心的妈妈发现了，搂着丁丁说："宝贝，怎么啦？"丁丁扑在妈妈怀里，哭喊道："妈妈，我得了癌症了，呜呜……我还不想死……"一句话吓坏了爸爸妈妈，等到丁丁道出了原委，爸爸妈妈在那里哭笑不得。爸爸和蔼地说："傻孩子，这不是什么病，而是你成长的标志。"

明白了这是青春期发育的标志之后，丁丁不害怕了，第二天他来到学校，开始观察班上的男同学，发现他们都还没有长出喉结。丁丁又开始得意起来，上数学课的时候，丁丁无意间发现了数学老师的喉结好像不那么明显，他想：大人的喉结不都特别凸出吗？老师的怎么会那么小呢？

送给青春期男孩的话

为什么男孩子在进入青春期之后，脖子上会凸起一小块呢？其实，这是男孩身体发育的特征之一。处于青春期的男性比女性更早地发育喉结，男性的喉结一般比女性的更为凸起。喉结凸出，是男性的性征之一，经过青春发育期以后的男性，由于雄激素的作用，一般都会出现喉结不同程度地向前凸出的现象。

1. 喉结的出现

每个人的喉咙都是由11块软骨作支架组成的，其中有一块叫作甲状软骨，它是最主要，也是体积最大的。当胎儿还只有两个月大时，喉软骨就开始发育了，这样的发育一直延续到出生后的5～6年，到青春期，喉软骨的生长基本停止。在这之前，男孩与女孩的喉咙都是差不多的，但进入青春发育期以后，男孩由于雄激素的分泌增多，这才使他们出现了喉结。

2. 青春期的疑惑

也许，有些处于青春期的男孩会疑惑，为什么自己的喉结发育不那么明显，是不是表明自己就不是个男子汉呢？有些学者专门做过这样的研究，发现喉结不凸出的男性中，有一部分是非常健壮的田径运动员、体操运动员。他们四肢发达，男性特征也很正常。这些喉结不明显的男性，大部分已经结婚、正常生育，并没有什么其他异常反应。所以，有的男性喉结不凸出并不会影响其身体正常的生长。

有的专家还调查了部分喉结不凸出成年男性的生活，发现这些男性中有的是从青春期开始前就一直进行较大运动量的训练，有的男性在刚开始发育时就有过频的手淫史，而这些情况在所有被调查的男性中占很大比例。因此，有的学者得出了这样的结论，认为这些因素可能导致了男性在青春发育期时雄激素的大量消耗，从而使甲状软骨未能充分向前凸出，以至从外观看，喉结并不那么明显。但是，虽然喉结凸出不明显，但喉的前后径较青春期前还是增大了，所以男性的声音不会因为喉结不凸出而不发生变化。还有一些人是因为颈部较粗、肥胖或甲状软骨不是典型向前凸而是向四周等量扩张，所以看起来喉结也

不那么明显。

　　当你懂得了这么多的知识以后，就应该明白为什么会在你的脖子上突然冒出小块了。所以，千万不要为此而担忧，反而应该感到由衷的自豪，这表明你已经是一个小男子汉了。

身体上冒出这么多"杂草"怎么办

青春期成长事件：窘迫的体育课

丁丁发现最近自己越来越能吃了，晚饭的时候可以吃满满的两碗饭，再喝一碗汤。到睡觉的时候，还会觉得饿，于是又偷偷地溜进厨房找东西吃。这些天，他还发现自己的"小弟弟"周围开始长毛毛了，不过这倒也没有什么，反正别人也看不到这地方，最让他郁闷的是，胳肢窝也长了毛毛，这让丁丁觉得自己好像一只大猩猩，很不雅观。

一天上体育课，丁丁照例穿着背心打篮球，结果他一抬胳膊，眼尖的罗小松就大声取笑起来："哎哟，丁丁，你都快变大猩猩了，开始长毛了！"他这一嗓子引来了场外女同学的围观，有的女同学还用手遮住自己的眼睛。丁丁在大家的注视下，很难为情，急忙把自己的外套披了起来。他一边走向教室一边想：得把长出的毛毛处理掉，要不然得天天受罗小松的嘲笑。同桌丽丽也回到了教室，她有些害怕地问："丁丁，你身上怎么了？有事去医院看看吧！"丁丁静坐着不说话，丽丽的话更坚定了他要除去毛毛的决心。

下午放学回到家，丁丁放下书包就开始翻箱倒柜，在客厅的爸爸见状问道："丁丁，找什么东西呢？""爸爸，你的剃须刀在哪里？"丁丁来到了客厅，问爸爸。爸爸有些疑惑："你找剃须刀干什么？"丁丁显得有些不耐烦："有用，你给我就是了。"爸爸一边递过来剃须刀，一边说道："这孩子，又没有长胡子，用这个干吗？"丁丁神秘地拿着剃须刀，直奔卫生间。

他脱下衣服，对着镜子就准备开始"除毛"了。他一点一点吃力地把毛刮下来，这时突然传来了爸爸的笑声："哈哈，丁丁，你在干什么？"丁丁不好意思地回过头，向爸爸抱怨道："爸爸，我想把这毛刮掉，太不雅观了，害得我经常被同学取笑。"爸爸意味深长地说："孩子，这是你身体成长的必然现象，你看电视上很多运动员，谁不长毛呢？这是男子汉的象征，不要觉得难为情，你应该感到高兴，因为你长大了，谁都不能拒绝成长，因为成长是一件十分美好的事情。"丁丁拿着剃须刀，面对着镜子里的自己，自言自语道："我真的是一个男子汉了吗？"

送给青春期男孩的话

当进入了青春期之后，细心的你可能会发现，最先"长毛"的部位是阴部，随着时间的推移，青春期的继续，这些长出的阴毛将会变得越来越黑，越来越粗，越来越多，形状也会变得更加卷曲，直到20岁左右，它就会变得更加浓密、粗黑、卷曲，并且呈菱形分布。另外，你也许还会发现，胳膊上、腿上开始长出许多的汗毛，在胳肢窝也会长出浓密的汗毛，甚至有的男孩子，身上的毛发还会蔓延到胸部、腹部、背部、肩乃至手臂。

1．正确对待这样的变化

发生这样的身体变化，是因为男孩进入青春期以后，雄性激素分泌旺盛，出现了男性的特征，这都是很正常的现象。处于青春期的男孩子，不要认为这是难为情的事情，也不要故意遮挡这样的变化，更不要想办法除掉这样的毛，因为即使你暂时除去了，它还是会长出来的。你需要认真地对待身体的变化，正确地看待这样的现象。

2．化解心中的烦恼

也许，不是每一个男孩子都能接受自己身上浓密的体毛，有的男孩子觉得浓密的体毛会给自己带来尴尬，他更希望自己"少毛"，所以，一些"多毛"男孩子会显得很自卑。其实，这是错误的理解。在成人的世界里，被大家所喜欢的男子，并不是看他的毛多还是毛少，而是看他做了什么，是否能承担自己的责任。

所以，处于青春期的男孩子不要以为这些浓密的体毛会给自己带来什么困扰，甚至觉得这样的自己显得不那么帅气了，恰恰相反，体毛是男性的象征，它反而会为你纤弱的身子骨增添一股男子汉气概，使你成为真正的男子汉。

我要拔了我的小胡子，太难看了

青春期成长事件：雨后春笋般的胡子

早上，丁丁起床了，来到卫生间对着镜子刷牙，赫然发现自己嘴边和下巴长起了胡须，这不禁让他觉得有点骄傲，虽然只是稀稀拉拉的几根，但丁丁已经能感觉到那胡子的力量了，这就是男子汉的力量。想着自己向班里男生炫耀的样子，丁丁就忍不住哼起了歌。

课下课之后，丁丁就神秘地对好朋友坤坤说："你看我脸上有什么变化没有？"旁边传来一个声音："哪有什么变化，还不是一张小白脸。"原来罗小松看见丁丁神秘的样子就凑了过来。丁丁高兴地说："哼，就知道你们看不出来，我长胡子了！你看，虽然只有几根，但已经很漂亮了。"坤坤凑近看他的脸，眼里满是羡慕，只有罗小松撇撇嘴："漂亮？你回家看见你爸爸那铁青的下巴，你就不会说漂亮了。我还是觉得白白净净好。"丁丁一副不愿搭理他的样子，只顾和坤坤说笑。

此后，丁丁也没有太在意自己的胡子。偶然的一天，同桌丽丽大叫道："丁丁，你的下巴沾了什么东西，黑乎乎的？"丁丁摸了摸自己的下巴，感觉有些扎手，连忙对着旁边的玻璃照了起来，真的发现自己的下巴黑乎乎的，十分难看。他回家后又照镜子，才发现自己下巴的胡子越来越多，脸上也毛茸茸的，他想起罗小松的话，有点担心起来。于是，他对着镜子拔下一根根胡子，可是没过几天他发现，胡子越拔越密，快拔不过来了。想起爸爸那铁青的下巴，他也不敢用剃须刀去刮胡子。

送给青春期男孩的话

男孩子长胡须是青春期的必然现象，也许，很多男孩对此难以接受，像丁丁一样，刚开始还会对自己的胡须产生好奇，但是面对如雨后春笋般的胡子，也开始慢慢厌恶起来，总是动手去拔，这都是青春期男孩常有的情绪和不良习惯。

胡子是怎么冒出来的呢？是否可以动手拔掉长出的胡子呢？怎样才能消灭这些难看的胡子呢？下面我们就来一一解答这些问题。

1. 胡子是怎么冒出来的

长胡须是男性第二性征的一个表现，男孩进入青春期后，睾丸分泌的雄激素就会被激发出来。男孩子在11岁以前体内雄激素很少，一旦跨入青春期的门槛，也就是10～14岁的时候，胡子就会长得特别快，健康男子的胡须每天长0.4毫米，比头发长得还要快，一般男性的胡须大约有16 000根，而最初只是稀稀拉拉地长出几根来，然后再一点点长齐。

如果你在进入青春期后，还没有长胡须，也不要着急，因为男孩生长胡须的起始年龄也不是完全一样的，有的会早几年，有的会晚几年，都是正常的，不要为此担忧。但假如已进入青春发育期，还没有长出胡须，第二性征也不明显，青春期后依然没有发育，这就应该视为异常，需要到医院进行检查和治疗。

2. 胡须是否该拔

胡须分为三部分：第一部分是毛干，就是露出在皮肤外面的部分；第二部分是毛根，就是埋在皮肤里面的部分；第三部分是毛球，也就是毛根末端膨胀的部分。毛球下端凹陷的部分叫毛乳头，毛乳头里含有神经末梢和血管，它供给胡须营养。毛根周围的袋状结构称毛囊，它与附近的皮脂腺相通。而胡须的再生，主要是因为毛球、毛乳头和完整的毛囊。

所以，如果你用手拔胡须，不仅会给自己带来疼痛感，而且拔掉的只是毛干、毛根，拔不掉毛球、毛乳头和毛囊，胡须仍然会顽强地继续长出来。另外，拔胡须非常容易损伤脸部皮肤、毛囊以及相邻的皮脂腺。这样，附在皮肤表面的细菌就会乘虚而入，引起毛囊和皮脂腺发炎。所以，处于青春期的男孩千万不要动手拔胡须，而需要采用正确的方法来"消灭"它。

3. 正确剃须

最开始的时候，你可以用剪刀剪掉那几根胡须，但千万要小心别伤着自己的脸。过一段时间之后，你再改用电动剃须刀。如果用刮脸刀刮脸，一定要先将面部热敷2分钟以上，用剃须膏或香皂泡沫涂抹胡须部位，然后再小心翼翼地刮。如果不慎将面部划破，可以外用一点止血药，也可以用一小团干净的棉花使劲按住伤口2分钟。另外需要注意，千万不要跟别人混用剃须刀。

烦人的青春痘，怎么消除

青春期成长事件：青春期的惶恐

虽然放假了，可丁丁一点也没有玩的心情。妈妈总是催促道："丁丁，放假了就出去找同学玩吧，一天到晚闷在家里会憋坏的。"丁丁躲在自己的房间，闷闷地应声道："不想出去。"其实，哪里是不想出去，而是不敢出去，丁丁想着镜子里那张像红豆粽子的脸，就觉得泄气了。他整天躲在自己的屋子里，对着小镜子数着脸上不断涌出的青春痘。看着那红红的青春痘，丁丁慢慢试着用手挤，居然挤出脓一样的东西，丁丁赶忙用卫生纸擦干净。现在，虽然皮肤看起来红红的，但痘痘已经消失不见了。也许，一会儿皮肤就会恢复了，丁丁心里美美地想着。于是，他决定一颗一颗地把它们消灭掉，让皮肤重新恢复白皙无瑕。

正在丁丁与痘痘大战三百回合的时候，听到妈妈在客厅里大喊："丁丁，出来玩吧，你表哥来了。"丁丁一听是比自己大五岁的表哥来了，连忙放下小镜子冲出房门，一眼就看见了坐在客厅里的表哥。表哥笑着："哟，丁丁长大了。"丁丁亲热地坐在表哥身边，发现几年不见，表哥长得壮实了，也长高了。更让丁丁感到奇怪的是，表哥脸上怎么坑坑洼洼的，好奇的丁丁摸了摸表哥的脸问道："表哥，你的脸怎么会这个样子？"表哥有些不好意思，旁边的妈妈打趣道："你表哥脸上那是青春留下的痕迹。""青春留下的痕迹？"丁丁更加不解了。表哥看着脸上红红的丁丁，解释道："也就是青春痘，你看你脸上也有了，你可千万不要用手去挤，我就是因为没有使用正确的祛痘方法，所以落下了这么多的痘痕。""啊？"丁丁用手捂住脸，心想糟了，怎么办？

送给青春期男孩的话

青春期男孩脸上会冒出青春痘，这是正常的现象。当男孩子进入青春期，由于生长激素以及性荷尔蒙的大量激发，触动了皮脂腺的分泌功能，因此，身体内那些较多的油脂就会不断地涌向皮肤表面，有的会顺利通过毛孔排泄出来，但有的却因毛孔阻塞而停留在皮肤里层。这些不能分泌出来的油脂，在不同的情况下，发展成不同的形式。青春痘就是其中的一种。

也许，每一个男孩都会有像丁丁那样的困扰，害怕被人取笑，甚至不敢出门去玩，一个人躲在家里悄悄地与痘痘"作战"。肯定也有不少的男孩子会做出与丁丁一样的事情，用手去挤压即将冒出来的痘痘。其实，长青春痘是青春期必然经历的过程，所以不要过多地为此担心。当然，为了使肌肤少受青春痘的侵扰，我们还是要以正确的方法来应对这场"祛痘之战"。

1. 正确清洁皮肤

洗脸的时候要用温水,每天洗脸的次数不能超过2次。清除肌肤上分泌过多的油脂是消除青春痘最重要的一步。彻底地洗去脸上附着的脏东西、老废角质,避免毛囊阻塞,从而减少青春痘的产生。

2. 定期去角质

你可以在医师的建议下,选择一款温和的去角质洗面奶,定期去除堆积在毛孔的角质废物,促进细胞新陈代谢,避免老废角质堆积、阻塞毛囊口,引发细菌滋生而产生难看的青春痘。

3. 使用合适的肌肤保养品

使用一些有控油、去角质、抗菌等功效的肌肤保养品,也能够帮助肌肤预防粉刺、青春痘的产生。当然,这样的肌肤保养品并不是随意选择的,你可以在父母的指导下购买,或是遵从医师的建议。

4. 保证充足的睡眠,养成有规律的生活习惯

每天需要保证充足的睡眠,养成有规律的生活习惯,不要熬夜,也不要有太多的压力。因为熬夜与压力容易造成生理时钟紊乱,导致荷尔蒙失调,影响内分泌,进而间接地导致青春痘的形成。

5. 避免过度暴晒肌肤

在炎热的夏季,不要使皮肤经常暴露在强烈的阳光下。因为这样过度暴晒于阳光下,会刺激青春痘并使其恶化,而且容易使肌肤里的黑色素堆积,色素沉着,加深痘疤的色泽,并延缓其恢复的时间。

6. 健康饮·食，多吃水果和蔬菜

为了打好这场"祛痘之战"，你还需要注意饮食，尽量不要吃油炸、辛辣以及坚果类的食品。因为这一类食物容易激发青春痘的形成，所以要想解决脸部青春痘的问题，必须先改变你的不良饮食习惯，多喝水，多吃水果和蔬菜，这样才会加速身体的新陈代谢，提高细胞排毒的能力。

一 运动出汗,身上就臭烘烘的

青春期成长事件:哪里来的异味?

这天,上完体育课,丁丁似乎还意犹未尽,又约上好朋友坤坤和罗小松一起在操场上与班里的同学打起了篮球。只见坤坤用精湛的传球技术,把球传给了丁丁,精力充沛的丁丁左突右冲,然后双手投球,"球进了!"丁丁抑制不住内心的兴奋,振臂欢呼道。不一会儿,丁丁就感觉衣服已经被汗水湿透了,他索性脱下衣服,光着膀子就冲进篮球场。

直到上课铃响了,丁丁才满头大汗地走进教室,刚一坐下,还没有来得及擦汗,老师就走进来了,丁丁马上打开书本,凑近旁边的同桌丽丽,问道:"上次讲到哪里了?"丽丽皱着眉头,捂住自己的鼻子,把打开的书本页码给丁丁看。丁丁一边翻书,一边不解地问:"你怎么捂着鼻子啊?"丽丽慢慢松开自己的手,长长吸了口气:"你身上什么味道啊?几天没洗澡了?这么臭!"丁丁有些疑惑地闻闻自己,发现真的有股臭臭的味道,没有道理啊,昨天晚上才洗的澡。他想跟丽丽解释,可老师已经开始注意他们了,丁丁只好沉默不语。

晚上回到家,洗澡的时候,丁丁特意用香皂洗了3遍,还用了点妈妈的香熏沐浴露,直到闻到自己身上香喷喷的,他才从卫生间里出来。第二天早上，贪睡的丁丁起床的时候已经是七点半了，他连早饭都来不及吃，就朝学校跑去。满头大汗地跑到了教室门口，正听到上课铃声响了，丁丁不禁长舒了一口气。不料刚坐下，丽丽直喊："丁丁，你怎么这么不讲卫生呢？天天不洗澡。"这话引来了周围不少同学的侧目，丁丁辩解道："真的不是，昨晚我洗了很多次呢！"说完，又闻闻自己身上，衣服已经被汗水浸湿了，果然散发出一种难闻的臭味，他心里满是疑惑。

送给青春期男孩的话

也许，许多男孩子都会像丁丁一样，被自己身上散发出来的异味困扰。特别是在面对班里的女孩子时，运动之后散发出来的臭味让自己恨不得找个地缝儿钻进去。可是，即使自己回家用香皂洗了无数遍，再洒上妈妈的香水，一出汗，还是掩盖不住那臭臭的味道。也许你还会疑惑，在自己进入青春期之前，怎么身上就没有那种臭味呢？

1. 异味的来源

在青春期前，由于身体中的大汗腺尚未发育完全，没有分泌功能，所以不会出现汗臭。当你进入了青春期时，身上开始长毛，特别是胳肢窝里也长出了浓密的汗毛，而这就是汗腺的通道。

这时候，你身上的性腺分泌旺盛，大汗腺分泌增加，而大汗腺分泌物经体表的细菌分解后可以生成许多不饱和脂肪酸和氨，从而散发出臭味。

大汗腺腺体比较大，主要分布在腋窝、肛门等处。大汗腺分泌弱碱性物质，分泌物浓稠含铁多，且含有蛋白质成分，因此容易散发出酸腐的气味。大汗腺分泌汗液由神经支配，不受暑热影响，但受性腺影响。

2．汗臭就是狐臭吗

有的男孩子看多了广告，认为汗臭就是狐臭，其实这是错误的看法。狐臭又称腋臭，它主要是由腋下大汗腺分泌物中产生的挥发性脂肪酸，被一种特殊的链球菌感染后分解产生的一种恶臭难闻的气味；而汗臭是遗传性的，是两腋窝外的汗腺，由于基因的缘故，分泌的汗液过于黏稠且含有异味。

但是汗臭与流汗并没有直接的关系，虽然流汗时也可能伴随着汗臭，但有的人并不会有汗臭味，这主要是由遗传因素决定的。

其实，当男孩子进入了青春期，汗多而有臭味，都是很正常的。你只需要在生活中经常换洗衣物，多注意个人卫生，就能减少汗臭。

为什么我们男孩子的胸部也变化了

青春期成长事件：胸部疼的秘密

丁丁猛然听到妈妈的叫声，他一下子跳下床，正准备穿衣服，突然发现自己胸部长了好大的一个硬块，他用手摸摸，钻心地疼。他大声叫道："妈，你快来看看是怎么回事啊？"妈妈闻声而来，问道："怎么了，孩子？"丁丁指了指自己的胸部，妈妈试着用手摸了摸，丁丁直喊疼。妈妈也着急了，连忙拉了丁丁就往医院跑。路上一辆救护车呼啸而过，丁丁打了个冷战，感觉有人在摇晃自己，他疲惫地睁开眼，原来是在做梦呢，妈妈正拉着自己的胳膊说："我说丁丁，你怎么越来越懒了，闹钟响了都还不起来，赶快起来了。"

在妈妈的催促下，丁丁连忙穿上了衣服，想起梦里的场景，他摸了摸胸部，感觉到轻微的疼痛。两周以前，他就发现自己的乳房变得有点硬，当时也没有怎么在意，心想过几天就会好了。结果，到今天了，还不见好转，乳头那里还是硬硬的，用手去按，还会感觉到疼痛。丁丁心里虽然有点担心，但他不好意思跟妈妈说，爸爸又出差去了。再想想昨晚的梦，都说梦是相反的，肯定会慢慢好起来的。

下午上体育课的时候，丁丁和班里的同学一起打篮球，在与罗小松抢球的过程中，被罗小松推了一下，正好碰到了那个硬块，丁丁当即大叫一声，就蹲在地上不动了。罗小松看见丁丁那样，急忙过来问道："怎么了，丁丁？"丁丁皱着眉头，指了指胸，直说："疼。"罗小松有点不解："我没用力推你啊，你怎么这么弱不禁风啊？那你休息会儿吧！"说完拍拍手走了。在地上休息了一会儿，丁丁按捺不住心中的担忧，朝学校医务室跑去了。

　　在医务室里，丁丁显得窘迫不安，不知道怎么开口。在医生亲切地开导下，丁丁终于吐露了自己的秘密。

送给青春期男孩的话

　　当你有一天醒来，突然发现乳头变得硬了，用手去按还会感觉到疼痛，而自己又是一个男孩子，这肯定会令你感到很窘迫。乳房的发育，一般来说是女孩步入青春期最早出现的第一性征，这主要是由于女性卵巢所分泌的雌激素水平高，刺激乳腺腺泡和乳腺管的发育，使得乳房隆起。可是有些处于青春发育期的男孩，偶尔也会感到自己的乳房部位痛感，仔细一摸，发现乳房中有硬块存在，因而感到惶恐不安。

　　其实不用担忧，也不要感到难为情，作为一个青春期的男孩，出现青春发育期的乳房硬块，这是正常的生理变化。乳房是由乳腺组织、脂肪及结缔组织构成的。另外，在乳腺细胞的表面还存在着能识别和接受雌激素的特殊结构。

当雌激素与乳腺细胞的受体结合后,乳腺细胞的代谢就活跃起来,使乳腺细胞增生,乳房发育隆起。

当你步入青春发育期后,睾丸在分泌雄激素的同时,也分泌少量的雌激素,当然这些少量的雌性激素是微乎其微的。雌激素便使乳头部位的乳腺细胞不断增殖,导致形成乳房硬块。所以,青春期男孩的乳房硬块常位于乳头下面,当你触摸的时候会感觉到疼痛。

青春期男孩出现乳房增大或称男性乳房发育并不少见,据调查,在13～15岁的男性青少年中,有一半以上的人出现有一侧或双侧乳头凸起,乳晕的直径有所增加,有色素沉着,但出现乳房硬结者不到1/5。有些男孩对自己身上所发生的细微变化不在乎,也许根本就没有察觉到乳房的这一变化。

这一变化一般多发生在12～16岁。14岁男孩出现乳房增大的约为64%,多发生在阴毛发育的3～4期时,增大的乳腺组织不超过3厘米,可能因为不对称会有轻度疼痛感。由于男性在青春期雌激素的增加是暂时性的,乳房硬块一般经过数月到一年左右便自行消退。所以,青春期男孩没有必要为此担心,不必感到窘迫不安,也不要有任何的心理负担。

当你明白了这些生理知识,相信你就会觉得这没有什么好担心的。孩子,你正处于青春期,身体各个部分自然会发生一些显著的变化,这是正常的生理现象,也是你成长的标志。作为父母,看到你身上出现这么多的变化,也会感到很欣慰、骄傲,因为你终于长大了。

好自卑，我还没有女生个子高

青春期成长事件：那个矮个子

月考成绩下来了，虽然经过了几昼夜的复习，丁丁的成绩还是下滑了几名，他拿着试卷，想着回去怎么跟爸妈说。新来的班主任已经走了进来，望着班主任严厉的眼睛，丁丁已经感觉到了不安。

老师看了看同学们，开始讲话："同学们，我想大家都拿到卷子了吧，也看到自己的分数了吧。许多同学的成绩有所下降，当然也有不少的同学成绩提高了。我们为那些成绩有进步的同学鼓掌。"话音刚落，教室里就响起了阵阵掌声，丁丁心有不甘地拍着巴掌，脸上满是落寞的神情。班主任顿了顿，又说："为了让你们感受到紧张的学习气氛，我准备以成绩的排名来重新安排座位，这样可以激励成绩靠后的同学发挥出自己的潜力，大家觉得怎么样？""好。"后面的罗小松马上就附和起来，丁丁望了望他，知道他这次成绩进步了。

于是，在班主任的带领下，全班在操场上集合了，丁丁站在最后一排，心情有点低落。然后，老师开始一个一个地点名，点到丁丁的时候，连喊了两遍都没有人回答，原来丁丁正在发呆呢。老师又喊了一遍："丁丁，是谁？"罗小松指了指丁丁所在的位置，新来的班主任立即喊道："那个矮个子男生，过来，站到这里来。"旁边的坤坤拉了拉丁丁，他好似从梦中醒来，却听到了同学的笑声，"丁丁，好像你还没有丽丽高呢。""耶，真的是啊，男子汉还没有女生高。""哈哈，就是，肯定是营养不良造成的。"……丁丁听到后，脸涨得通红，不等老师发话，撒腿就跑向了教室。

他一个人趴在桌子上，愤恨地望着黑板。坤坤走了过来，轻声地安慰道："丁丁，别伤心了，虽然你个子不高，但是你成绩好，也喜欢帮助同学，在我心中，你就是一个高大的男子汉。"丁丁有点沮丧："可是，我还没有女生高，说出去多让人笑话。"坤坤握着丁丁的手说："管他呢，走自己的路，让别人去笑吧！"

送给青春期男孩的话

在青春期，很多男孩都会觉得身高不如女孩，于是感到很难为情，在女孩面前抬不起头来。其实，这都是正常的生理现象。所以，现在的你千万不要为此担心，再过几年，你就可以骄傲地告诉他们，你已经是"高个子"男孩了。

1. 青春期男孩与女孩的身高差异

在童年时期的男孩和女孩身高差不多，男孩会稍高于女孩。但到了青春期的前期，这样的情况就会发生显著的变化。女孩子从9岁开始，进入生长发育的突增阶段，11～12岁达到突增高峰，每年身高要增长5～7厘米，多的可达8～10厘米。男孩子的这一过程却比女孩子晚约两年，因而出现了女孩先长个子的情况，9岁以后，同龄的女孩要比男孩高一些。

一般来说，一个人的高矮，取决于他的骨骼生长发育情况。但是，相对于女孩子，青春期的男孩子身高突增高峰会来得晚一些，但不输给女孩子，他在12岁左右时会迅速生长，到14岁左右，他的身高则会超过女孩子。在这一时期，每个男孩的身高每年可以增高7～9厘米，而一些增高比较快的孩子，一年增高可达10～12厘米。所以，按这样的增长速度，当青春期结束之后，男孩子的身高会明显超过同龄的女孩子，会比同年龄的女孩高10～13厘米。女孩子的骨骼会比男孩子先发育，这是儿童时期生长发育的客观规律。此后，男孩会继续以较快的速度增高，最终形成了大多数男孩明显高于女孩的特点。

2．青春期男孩身体不协调的原因

在青春期的成长阶段，有些孩子的身体有些不协调，其实，这也是正常的生理变化。因为通常来说，一个人上下肢的增长比脊柱增长得快，所以孩子在青春期坐高与身高的比例开始缩小，到了青春期中期，这样的比例将降至最低点，因此，这一时期的男孩子就会出现长臂、长腿不协调的体态。但是这样的情况并不会维持很久，等到了青春期后期，由于生长的速度加快，孩子的坐高和身高的比例就会达到成人的正常比例。所以，人体的长高在十七八岁以前主要靠下半身，而十七八岁以后则全靠上半身。身体的这种长势要在突增期过去以后才能逐渐缓慢下来，到了20岁左右基本停止。

在青春期，男孩子需要消耗大量的营养物质，因此，在这一重要时期应该增加营养。在平时的生活中，多摄取足以供给身体增高的热量、蛋白质、无机盐和维生素等。同时，还要加强锻炼，这样才会使身体发育得更好。

第二章 Chapter 2

别害羞，私密部位的发育知识早知道

当青春期来临，男孩会发现自己在各方面都有变化，尤其是自己的身体，好像它在拼命地暗示着什么，可丁丁又不知道到底是什么，心里既惶恐，又惊喜。惶恐的是不知道该怎么面对这些突如其来的生理变化；惊喜的是自己即将从一个毛头小孩长成一个青年了。是的，当成长已经来临，你就无法控制你身体各个部分的变化，似乎每一个细胞都在暗示着你已经不再是个小孩子了，而是一个小大人。作为即将跨入成年大门的青春期男孩，那么你一定要了解一些生理方面的知识，特别是关于你的私密地带的。在青春期，你的私密地带会有什么样的变化呢？

男性生殖器官是怎样的

青春期成长事件：生物书里的秘密

下课后，丁丁飞奔到厕所，随后，坤坤、罗小松也跑进来了。罗小松看着跑得满头大汗的丁丁，打趣道："哟，你跑得可真快。"三个男孩子排成一排，一起"嘘嘘"，丁丁有点不好意思地问身边的坤坤："你有没有觉得'小弟弟'在慢慢长大啊？"坤坤脸色涨得通红，但还是点点头："是啊，最近我吃得特别多，不但个儿在长，连它也开始长了。"旁边的罗小松不屑地看了他们一眼："这有什么好奇怪的，它周围还长出了'茂密的森林'呢。"丁丁一脸疑惑："茂密的森林？"他看了看自己的下面，恍然大悟："哦，你说的是这些毛啊。"罗小松笑道："是啊，你以为我说的是什么？你真是笨蛋一个，那个不叫什么毛，叫阴毛。"丁丁有点惊奇地问道："哇，你怎么懂的知识这么多啊？"罗小松一边拉拉链一边说："这不算什么，你知道什么是睾丸吗？你知道什么叫阴茎，什么叫阴囊吗？"丁丁茫然地摇了摇头。

三人一起走出了厕所，坤坤和丁丁望着罗小松，异口同声地问道："你是怎么知道的？"罗小松摆了摆手，示意他们俩都围过来，悄悄地说道："这都是从生物书里看到的，那里面揭示了太多的秘密。"丁丁有些不相信："真的？"罗小松拍拍手："当然了，我骗你干吗，不信你自己去看啊。"回到教室里的丁丁，在丽丽诧异的目光下，从抽屉里地找出了生物书，迫不及待地看起来。

送给青春期男孩的话

每一位步入青春期的男孩子，或多或少都会对自己的生理构造有那么一点兴趣。他们随时关注着"小弟弟"的变化，却不解其中的原因。偶尔在电视、报纸上看到此类信息时，他们会觉得那些词语很陌生。睾丸？阴茎？这些对于他们来说，都是极其新鲜而又陌生的词语。其实，对于即将跨入成年阶段的青春期男孩来说，应该熟悉自己的身体结构，这样才能助你更好地疏通青春期的心理问题。

一、男性内生殖器

男性内生殖器包括睾丸、附睾、输精管、射精管、前列腺、精囊腺和尿道球腺等。

1. 睾丸

睾丸是男性生殖腺，左右各一，呈卵圆形，位于阴囊内，是产生雄性生殖细胞(精子)的器官，也是产生雄性激素的主要内分泌腺。睾丸有100~200个睾丸小叶，每个小叶内含有2~4条生精小管，发丝般粗细，精子由生精上皮产生。男性一生大概可以生产万亿多个镜子。

2. 附睾

附睾外形细长呈扁平状，又似半月形，左右各一，附于睾丸的后侧面。附睾是由多数曲折、细小的管子构成的器官，小管之间有纤细的纤维组织和蜂窝组织，分头、体、尾3部分。睾丸头由输出管构成，管壁由假复层柱状上皮构成，含有两种细胞：一种是有纤毛柱状上皮；另一种是低柱状的分泌细胞，细胞高矮交互排列，所以管腔不规则而成锯齿状。附睾的体尾是由附睾管组成，此管由假复层柱状纤毛上皮构成，上皮高矮一致，所以管腔规则。附睾有储存和排放精子、促使精子成熟和分泌液体供给精子营养的作用。

3. 精索、输精管及射精管

精索是从睾丸上端至腹股沟管腹环之间的索状物。精索起于腹股沟内环，终止于睾丸后缘，为系悬睾丸和附睾的柔软带，左右各一。精索内包含有输精管、动脉、静脉、神经及蜂窝组织。精索是睾丸、附睾及输精管血液、淋巴液循环通路，也是保证睾丸的生精功能及输送成熟精子的主要途径。

输精管是精索内的主要结构之一，起于附睾尾部，经腹股沟管入骨盆腔。输精管位于输尿管与膀胱之间，其末端膨大扩张形成输精管壶腹，最后与精囊管相汇合。输精管是精子从附睾被输送到前列腺部尿道的唯一通路。其末端与精囊腺的排泄管汇合成射精管，穿过前列腺，开口于尿道。

射精管是输精管壶腹与精囊管汇合之后的延续。射精管很短，管壁很薄。

4. 精囊腺、前列腺、尿道球腺和尿道

精囊腺为一对扁平长囊状腺体，左右各一，表面凹凸不平呈结节状，位于输精管末端外侧和膀胱的后下方，其末端细小为精囊腺的排泄管，与输精管的末端汇合成射精管，在尿道前列腺部开口于尿道。精囊为屈曲状的腺囊，其分

泌液主要为精浆液，占精液的70%左右，对精子的存活有重要作用。

前列腺为一个栗子状的腺体，中间有凹陷沟，左右两侧隆起，底向上与膀胱连接，尖向下抵尿生殖膈上筋膜。前列腺能分泌前列腺液，主要为精浆液，含有多种微量元素及多种酶类。在精阜近端，平滑肌加强，称为前列腺前括约肌。

尿道球腺：左右各一，位于尿生殖膈上下筋膜之间的会阴深囊内，开口于球部尿道近端。可分泌少量液体，为精浆的成分之一。

男性尿道，既有排尿功能，又有排精的功能。精液由精子和精囊腺、前列腺分泌的液体组成，呈乳白色。

二、男性外生殖器

男性外生殖器为阴茎和阴囊。

1. 阴茎

阴茎是男性排出尿液、精液，进行性交的器官，具有疲软和勃起状态。阴茎由3条海绵体外包筋膜和皮肤构成，其中阴茎海绵体有2条，尿道海绵体有1条。阴茎分根部、体部及头部。根部固定于会阴部，阴茎前端膨大部分形成阴茎头，头部与体部交接部较细，为颈部，是一环形沟，又称冠状沟。尿道海绵体内有尿道通过，开口于尿道外口。阴茎外面包有皮肤，包盖着阴茎头，称为阴茎包皮。包皮内层和阴茎头之间的间隙常分泌粘液，从而形成包皮垢。

2. 阴囊

阴囊为一皮肤囊袋，位于阴茎的后下方。阴囊的皮肤薄而柔软，有少量阴毛，色素沉着明显。阴囊壁由皮肤和肉膜组成。肉膜含有平滑肌纤维。平滑肌随外界温度呈反射性地舒缩，以调节阴囊内的温度，有利于精子的发育。当外界温度高时，平滑肌舒张；而外界温度低时则收缩。肉膜在正中线向深部发出，阴囊中隔将阴囊腔分为左、右两部分，分别容纳两侧的睾丸和附睾。

成年人的那里为什么颜色深

青春期成长事件：为什么我和爸爸的颜色不一样？

步入青春期之后，丁丁发现自己的"小弟弟"周围的颜色变得越来越深，还发红，他百思不得其解。想想以前，那周围的肤色还是那么白净，如今，不仅生长出"森林"，还似乎有了沃土一样颜色的肌肤。丁丁现在都不好意思跟同学一起上厕所了，害怕被说没有洗干净。可是，自己洗澡的时候，明明用香皂洗了好几遍，可那颜色还是深，已经完全没有了往日的白皙肤色，这让丁丁很是苦恼。

这天，丁丁一个人来到了厕所，正准备掏出"小弟弟"，突然被身后一个人拍了一下头，丁丁回过头来，原来是罗小松。丁丁没好气地说："吓死人不偿命啊？"罗小松不怀好意地笑道："放心，吓不死你的，哈哈。"丁丁想起了上次罗小松说的话，他想罗小松肯定知道正在困扰自己的问题，于是，他试探性地问罗小松："哎，你知道为什么'小弟弟'周围的颜色越来越深吗？还开始发红呢。这是不是异常的变化啊？"罗小松瞅了瞅丁丁，一副过来人的模样："没事啦，这都是正常的，我的颜色也是这样啊，你肯定没有见过大人的吧。他们的颜色更深，以后我们的颜色也会变得那么深的。""啊?"丁丁一脸诧异。

周末,丁丁和爸爸一起去了澡堂。丁丁赫然发现真如罗小松所说,爸爸和其他成年男性的阴部肤色都比较深,看起来是乌黑的。他趁着给爸爸搓澡的时候,悄声地问道:"爸爸,你的'小弟弟'颜色怎么那么深,而我的又是这种颜色呢?"爸爸看了看丁丁,说道:"你以为我的'小弟弟'天生就长得黑啊?我在你这般年纪,它的颜色也是这样啊,但是随着年龄的增长,它就开始慢慢变黑了。"丁丁有点难以置信,追问道:"真的吗?为什么会这样呢?"爸爸忍不住笑了起来:"回去看看生物书不就知道了嘛。"

送给青春期男孩的话

当看到爸爸的阴部肤色比较黑,而自己的肤色也在开始变得很深时,相信每一个青春期男孩心中都有一个疑问,那就是:为什么我的和爸爸的颜色不一样呢?爸爸不是常说我已经是男子汉了吗,怎么还是和爸爸有所区别呢?或者爸爸阴部肤色变黑的原因正如丁丁爸爸所说的那样,是因为年龄的关系吗?其实,阴部颜色与年龄虽然有关系,但并不是重要的关系,也不会起到决定性作用。那为什么会出现颜色差异呢?下面我们就来揭开这个谜团。

阴囊周围皮肤的颜色都比较黑,其实是受了性激素的影响。原来,人的肤色取决于各类色素,尤其是黑色素的多少、皮肤的厚薄和血管的紧缩或舒张状况。阴囊的深色表皮,其实就是性激素的"显示器",影响皮肤黑色素沉着的重要因素就是性激素。性器官等部位的性激素浓度高，耐久受激素刺激的功效就使黑色素沉着而肤色变得很深，尤其是皱缩增厚后就越发深色。

不论是男人还是女人，凡是比较敏感的性器官部位所蕴含的性激素的浓度都是较高的，比如乳头及周围表皮(亦即乳晕)、阴囊、阴唇等，尤其是皱缩增厚后就更加明显。如果仔细观察一下，你或许还会发现，成年男子的乳头及周围一圈的颜色很深，而正处在青春期的青少年的乳头及周围却是粉色的；成年男子的阴囊颜色很黑，而青少年的阴囊却与周围的肤色相近，直到进入青春期后，才会出现这种色素沉着的现象。所有这些现象都是因为这些部位长期受性激素刺激，致使黑色素大量沉着而使肤色变深的。

什么是包皮过长和包茎

青春期成长事件:不能说的秘密

今天早上,丁丁到了教室门口,就看见罗小松鬼鬼祟祟地在和同学细语,他忍不住也凑了过去。他跟罗小松打趣道:"嗨,你们这么隐秘,在说什么见不得人的事情啊?"罗小松撇了撇嘴:"这是个不能说的秘密。""嗯?"丁丁一脸疑惑地回到座位上。

看着正在赶作业的同桌丽丽,他悄声问道:"你知道罗小松他们在说什么吗?"丽丽头也不抬:"不知道,好像是说王翔去医院做手术的事情吧。"丁丁非常惊奇,追问道:"王翔怎么了,生病了吗?"丽丽抬起头说:"我怎么知道,好像不是,你没有发现他今天没有来上学吗?都是罗小松在说,好像因为包皮过长,去医院做什么包皮环切手术,我不晓得怎么回事,你清楚这是什么手术吗?"丁丁一听见"包皮"这两个字,脸就红了,想起包皮不就是阴茎外面的皮肤吗?怎么会被切除呢?他低下头假装拿书出来,支吾道:"哦,我也不知道。"一边向王翔的座位看去,他还真不在。

过了一天,王翔就来上课了,走路的姿势怪怪的,满脸的痛苦表情。丁丁迎上前去,问道:"王翔,你来上课了?"王翔连话都不想说，只点了点头，丁丁凑近王翔的耳朵，悄声问道："听说你去医院做了包皮手术，真的假的？"王翔看着丁丁那好奇的样子，佯装着："不告诉你，这是个不能说的秘密。"心里满是疑惑的丁丁不住地追问，可王翔还是一个字都不说，丁丁心里不禁越来越糊涂了：这到底是一个什么样的秘密？切除包皮手术到底是什么样的手术呢？

送给青春期男孩的话

有的男孩步入了青春期，就会出现包皮过长以及包茎这样的情况，这其实是一种生理现象，也算是一种疾病。像王翔同学由于包皮过长，就去医院做了手术，这实际上就是对包皮过长的治疗。那么，什么是包皮过长以及包茎呢？它们的存在有哪些危害呢？该如何来面对这一情况呢？

1. 包皮过长以及包茎

男性进入青春期，阴茎上的包皮自然向后退缩，龟头外露，这是正常现象。如果到了青春期包皮仍然紧包住龟头，或者包皮和龟头粘连，龟头不能外露，就不正常了，这就被称为包茎；如果包皮包住阴茎口，但能向上翻起，露出龟头，这就被称为包皮过长。另外，由于包皮过长而引起的还有一种情况，那就是包皮垢。包皮垢是如何形成的呢？包皮是包在阴茎头外面的一层皮肤，翻转包皮，可见龟头后面呈环状缩小部位叫作冠结构。在冠状沟附近的皮肤里有许多皮脂腺，分泌一种具有异味的分泌物，呈黄白色泥状，称为"包皮垢"。

2. 包皮、包茎的危害

有的人认为包皮、包茎根本不算什么病，甚至很多人并没有把它当作病。实际上，包皮、包茎对身体有一定的危害，应予以重视。

妨碍阴茎发育，影响性生活的和谐。在青春期，由于阴茎头被包皮紧紧包住，没有得到来自外界的刺激，阴茎头的发育受到很大的束缚。成年人会因为包皮过长或包茎，影响正常的性生活。特别是包皮口径过小的男人，包皮上翻不能复原，包皮紧紧卡在冠状沟处，成嵌顿包皮，会使人痛苦不堪。

藏污纳垢，易发泌尿生殖炎症。包皮内有丰富的皮脂腺，有大量的分泌物，包皮使分泌物不能排出而堆积成垢、寄生很多致病菌。病菌侵犯尿道可造成尿路感染，引发包皮炎、龟头炎、尿道炎，还可增加生殖器疣病、疱疹等性疾病的发病概率和感染概率。

3. 如何应对包皮、包茎

当然，包皮和包茎过长但也并不可怕。解决的办法有两点：一是养成讲卫生的良好习惯，经常把包皮翻过来，用干净的温水进行清洗，及时除净包皮垢，洗干净后要及时将上翻的包皮推下，以免形成嵌顿包茎。二是进行手术治疗。包皮过长并经常发炎或是包茎者，应该尽早请医生检查，最好进行包皮环切手术。

那里发炎了可怎么办

青春期成长事件:"小弟弟"生病了

最近几天,丁丁总喜欢在睡觉之前摸一摸"小弟弟",每天都在观察它有没有长大,看一下浓密的阴毛,甚至连颜色都经过了仔细的观察。他似乎觉得它的成长就是自己的成长,当有一天它长大了,那就证明自己是真正的男子汉了。

可从前天开始,丁丁就感觉到大腿两侧比较痒,有时候还会发现"小弟弟"以及阴囊都是潮湿的,还有一股怪味。刚发现这种情况时,丁丁还很兴奋,以为这是正常的发育。可是后来,他发现越来越痒了,有时候在上课的时候,都忍不住想去抓一下,但是看着身边的丽丽,他又强忍住了。而且,有时候正当丁丁认真上课的时候,丽丽会悄声对丁丁说:"你闻见没有?哪里来的怪味?是不是前面的小胖又放屁了?"丁丁一闻,原来是自己下面散发出来的怪味,他装作不知情:"嗯,不知道,估计是他啦,谁都知道他最喜欢放屁了,真是讨厌。"说完,还装模作样地挥了挥手,捂住自己的鼻子。

丁丁感觉到是哪里出现问题了,下课之后,他悄悄地喊住罗小松,细声地问道:"我的'小弟弟'和阴囊都很潮湿,还有一股怪味,你说这是什么原因啊?"罗小松看了看丁丁穿的裤子,是比较宽松的运动裤,他问丁丁:"你是不是经常用手去摸它啊?"丁丁点点头,罗小松脸色有点凝重:"这样的话,估计是生病了,阴部发炎了。""啊?"丁丁张大了嘴,引来其他同学的侧目,他连忙悄悄地问:"小松,那我该怎么办?"罗小松摊了摊双手:"我也不知道呢,我从来没有遇到过,只是听说过,你去医务室问问吧。"丁丁低下了头,心里想着:该怎么跟医生开口呢?

送给青春期男孩的话

为什么会出现炎症呢?这主要是因为男孩的外生殖器在青春期迅速发育,这个时期由于外界刺激等原因,小腺体会产生一些分泌物,容易引起炎症,尤其是包皮过长的男孩,更要注意卫生,每天睡前要清洗外生殖器,毛巾、盆等要单独使用,平时穿的内裤要选择全棉质地、宽松舒适的。至于青春期男孩子的阴部潮湿,那是大多数人会有的现象,主要是阴部汗腺分泌旺盛,加之阴部通风散发不良,如果你不注意卫生,那么就会有一股怪味,臭臭的。你应该每天清洗下身,少用手揉。特别是运动后,出了很多汗,就去擦洗干净,这样就可以缓解炎症。

阴茎的包皮内面和阴茎头交接处的小皮脂腺不断地分泌淡黄色的油性物质,与少量的尿液和皮肤脱落下来的垢混合成乳酪状的包皮垢。包皮垢如果长期附着在阴茎头表面或聚集在冠状沟内,很容易为细菌繁殖提供机会。

另外，由于阴囊、阴茎皮肤皱褶多、汗腺多、分泌力强，如果大量汗液、污垢、残留的尿液、精液等污染阴茎、阴囊，细菌很容易在这种环境下生长繁殖，引发龟头炎、尿道炎、包皮炎和阴囊湿疹等疾病。所以青春期男孩，尤其是包皮过长的男孩，应养成将包皮上翻冲洗下身的习惯。除了经常对阴部进行清洗外，还应该注意经常换洗内裤，内裤最好选择略宽松且透气性强的棉织品。

另外，也许很多人认为前列腺炎只是成年男性易患的疾病，其实，青春期男孩也可能患前列腺疾病。这是因为，在10岁之前，男孩前列腺发育很慢，没有形成腺管，感染病毒的可能性较少，前列腺一般不会患病；而10岁之后，腺管逐渐形成，这时就要警惕前列腺发炎，尤其要注意这样4个方面：一是早熟。有的孩子在青春期情感萌动，因性兴奋而大量分泌前列腺液，却没有得到正常的释放，这就会导致前列腺液在腺管内淤积，易造成前列腺肿胀、发炎。二是青春期男孩身体的其他部位也容易被感染，如脓疱病等细菌。三是憋尿。男孩子长时间憋尿有3种原因：有的是因为课间休息时间太短而来不及去厕所；有的是因为在冬天怕冷不去厕所；有的则是忙于看电影、电视，顾不上排尿。其实，这样长时间憋尿会引发前列腺炎。四是包皮过长。由于包皮垢易引发包皮龟头炎、尿道炎等，而细菌会从尿道逆行感染，侵入前列腺，引发前列腺炎。

青春期的男孩，你的私密地带正处于发育期，所以需要好好保护，多注意平时的卫生，防患于未然，只有做好了私密地带的清洁卫生，才能够使你健康地成长。

阴茎偏向一侧，是不是畸形

青春期成长事件：它真的在睡觉吗？

丁丁心中一直有个疑惑，那就是他有时候会发现"小弟弟"偏向一边。最开始的时候，他也不理会，就顺手把"小弟弟"拨向中间，可等他手一松开，"小弟弟"好像知道似的，又自然地倒向一边了。那天晚上，丁丁就一直在床上拿着"小弟弟"，不让它倒向一边，不知不觉就睡着了，他的手也松开了，"小弟弟"又倒向了一侧。

第二天早上，丁丁起来一看，"小弟弟"正在中间躺着呢，他就没有理会了。可这样的情况经常出现，丁丁也不知道为什么会这样，也不好意思去问爸爸。于是，丁丁到了学校，拉住正在跑步的坤坤，把他带到一个小角落，十分不解地问坤坤是否也碰到过这样的情况。坤坤直摇头说："我倒没有注意过这样的情况，怎么了？你有这样的情况吗？"丁丁有点不好意思："不是啦，当然不是，我也跟你一样啊，我是帮一个同学问的。"坤坤有点不相信地看着他，丁丁讪讪地笑了："真的不是我，我先去教室了，你继续跑步吧。"说完就跑了。

心事重重的丁丁一个人去了厕所，一边方便一边想着：可能只有我一个人才是这个样子，不会是生病了吧？这时，王翔走了进来，丁丁有点好奇王翔是不是跟自己一样。于是，他故意在厕所里磨磨蹭蹭，等着王翔，王翔一边方便，一边跟丁丁打招呼。丁丁一边回应他，一边不时地瞅瞅他下面。眼尖的丁丁发现王翔方便完了之后，那"小弟弟"就搭向一边了，丁丁连忙拉住王翔，急切地问道："王翔，你的'小弟弟'怎么偏向了一侧呢？""嘘，别大声了，它在睡觉呢，不要把它吵醒了。"王翔一本正经地说。"睡觉？那为什么只有我和你的在睡觉呢？其他人的都没有睡？"丁丁不解地问。王翔笑着说："你怎么知道其他人的不是这样呢？你全都看过啊？小松说的，这是正常情况，没有什么好大惊小怪的。"说完就走了，丁丁心里的大石头也落下了。

送给青春期男孩的话

青春期的男孩子也会有丁丁这样的疑惑吧，为什么自己的"小弟弟"会不听话地偏向一侧呢？也就是在一些时候，阴茎会自然地偏向一侧，而不是在中间，而这样也会出现不同的情况：有的是正常情况下，阴茎会偏向一边，但勃起的时候却不偏；还有一种就是因为阴茎弯曲造成的，这样会引起在勃起的时候也会偏向一边。其实，有这种情况也不用担心，这属于身体的正常发育。下面我们就来具体地解释一下。

第二章 别害羞，私密部位的发育 知识早知道

1. 它真的是在睡觉吗

阴茎在正常情况下偏向一边，但勃起的时候却不偏，造成这样的情况是因为阴茎是由3条海绵体组成，3条海绵体的充血程度不完全相同。充血不等就使阴茎的勃起不一定朝向正前方，而是偏向一侧或向上翘。同样，阴茎疲软后，也不一定是朝向下方，有时也可能朝向前下方，这也是由阴茎海绵体疲软程度不同而形成的，都属正常现象。另外，有的男孩子习惯用左手或者他本身就是个左撇子，这时候他阴茎左侧的海绵体发育会较充分，所以导致偏向了左边。

除了有上述的原因之外，有的男性则是因为海绵体发育不平衡。海绵体发育不平衡，往往会伴有尿道裂等畸形，很少见到不伴有畸形的单独弯曲，这是由于胚胎时生殖结节异常，造成了由外胚层形成的尿道和内胚形成的尿道的联结部位不在同一水平面而引起的，也可由筋膜、海绵体的发育障碍所形成。

2. 关于阴茎弯曲

根据阴茎弯曲形成的病因和程度不同，可分为三种类型：一是全尿道只有单薄的黏膜管道，并没有尿道海绵体，尿道隐藏在皮下面，弯曲比较严重；二是尿道被海绵体包裹，内膜发育不正常，这样的弯曲也有点严重；三是尿道海绵体正常，弯曲主要是因为内膜发育异常，这样的阴茎弯曲比较轻。其实，阴茎弯曲并不是什么特殊症状，所以人们不会太注意它，尤其是第三型，在小时候并不怎么明显，但第一、第二型患者在小时候从排尿方向就可以发现。对于第三型患者，由于这样并不影响排尿，一般不需要治疗，而第一、第二型则需要做手术进行矫治。由于青春期男性一直处于发育期，所以，手术最好选择在6～10岁时做，这样不会影响阴茎的正常发育。如果只是偶然才出现这种情况，则并不需要太在意，也不用过于紧张。

成年人的阴茎为什么有大有小

青春期成长事件：他的自卑

这些天，坤坤上课没精打采的，连说话都显得吞吞吐吐的，丁丁觉得不太对劲：坤坤是不是出什么事情了？这天体育课休息的时间里，丁丁陪着坤坤一起坐在草丛里，坤坤还是一副闷闷不乐的样子，丁丁着急了："坤坤，你怎么了？最近老是这样，出什么事情了吗？"坤坤还是不言语，丁丁越发着急了："到底怎么啦？你倒是吭声啊！是不是班里同学欺负你了？"坤坤摇了摇头，突然脸色一变，眼睛也红红的，丁丁关切地说："你倒是说话啊，我看着着急呢。"坤坤这才吐出一句："丁丁，我好自卑。"丁丁听了笑了起来："你自卑什么？自卑没有我长得帅吗？"坤坤也笑了起来，打了一下丁丁："当然不是了，谁说你长得帅啊？"丁丁疑惑了："那你说是怎么回事？"在丁丁不断地追问下，坤坤终于吐露了实情。

原来，那天晚上，一群住宿舍的男生没事做，就说到了"小弟弟"的事情，罗小松冒出一句"我们来比一比谁的'小弟弟'大啊"，结果大家把门插上，开始比谁的大谁的小。坤坤虽然知道自己的'小弟弟'比较小，可实在没有想到是整个宿舍最小的，当时就被其他几个男生嘲笑了。有个小胖还说了句更毒的话:"坤坤,你的这么小,以后怎么做个真正的男人啊?"大家都哄笑起来,只有坤坤躲在被窝里抹眼泪。之后,虽然同学们已经忘记了这件事,可坤坤心里却有了阴影,他总是抬不起头来。

听了坤坤的话,懂了不少知识的丁丁说道:"你别听他们胡说,这个大小根本没有什么区别,我跟爸爸去过澡堂,那些个子高高的人,还不是挺小的,而有的个子不太高的却挺大。其实,我觉得这都很正常,你千万不要自卑,这没有什么好自卑的。"坤坤听了丁丁的话,虽然心里有点安慰了,但还是提不起精神来,丁丁又说道:"真的,这根本不影响你成为真正的男人,我爸爸一米八的身高,可是'小弟弟'也不大啊,所以啊,你就别胡思乱想了。"坤坤笑了笑,丁丁吐了吐舌头,为了让坤坤不再自卑,他居然把爸爸的隐私也说了出来,心想,若爸爸知道实情的话,也不会怪自己的。

送给青春期男孩的话

当男孩步入了青春期后,"小弟弟"也开始慢慢长大了,有时候免不了会有与同龄人比较"小弟弟"大小的情况。这样的事情,爸爸们在年轻的时候也干过,可是当爸爸们长大成人之后,就明白了这样的比较是无谓的,纯粹是给自己增加心理负担。也许,有的男孩子因为自己的"小弟弟"比较小,就会显得很自卑，甚至会产生自己是不是男子汉这样的困惑。其实，这样的担心都是没有必要的，在我们的生活中，评价一个真正的男子汉是看他是否能承担起自己应有的责任、是否有担当，而不是比较阴茎的大小。所以，需要正确地科学地对待阴茎大与小的问题，应以健康的心态来迎接成长的到来，并不断提升自己的人格修养，增强自己的学识，这样才能让自己强大起来。

而且，处于青春期的男孩，阴茎正是迅速发育的时候，有的人发育早，有点人发育晚些，所以，不必过早在意。

我好像又画"地图"了,怎么回事

青春期成长事件:遗精的小胖

这天午休,丁丁在坤坤的极力邀请下,来到了男生宿舍。平时,因为丁丁离家比较近,所以他就一直住在家里,也没有经常光顾男生宿舍。所以,当丁丁跟着坤坤推开宿舍门的时候,里面几个男生都鼓掌欢迎,小胖还唱起了歌。丁丁一进门就直夸:"你们宿舍真干净,比我的小屋好多了。"这话说得小胖心里乐滋滋的:"那当然了,这个星期都是我做的清洁,哪能不干净呢。"大家都笑了起来。

坤坤一边倒水,一边向丁丁说道:"你随便坐啊,我睡上铺,不好坐,哎,你就坐小胖的床算了,就是这张床。"丁丁接过坤坤递过来的水杯,一边坐下来,一边观察他们的宿舍,一不小心就把水洒在了身上,他急忙抓起了小胖床上的毛巾来擦。擦干了衣服上的水,他顺手就把毛巾放回床上,却不经意看见床上有一小块痕迹,他笑着说:"小胖,赶快招来,你昨晚是不是尿床了?"小胖尴尬地站在那里,嘟囔着:"你才尿床了呢。"说完,又用毛巾遮住了那块地方。丁丁大笑着:"你看,简直是欲盖弥彰,哈哈。"这时候,一直坐在床上没有吱声的罗小松开口了:"那不是尿床，笨蛋，这都不懂，是遗精。""遗精？"丁丁难以置信地望着小胖，小胖显得更窘迫了，干脆躲到卫生间去了。罗小松慢条斯理地说："遗精就是……"

送给青春期男孩的话

也许当你进入了青春期，都会有这样的经历，醒来的时候，发现自己内裤和被褥上湿了一片，懵懂的你可能不知道发生了什么事情，而且弄脏了内裤、床单，也不知道该怎么向父母解释。其实，这是正常的生理现象，也就是通常所说的遗精。

1. 什么是遗精

进入青春期的男孩，随着身体的发育，会在睡眠状态下从尿道排出乳白色的液体，这种现象叫作遗精。它是青春期开始后出现的一种正常的生理现象，第一次遗精大都发生在14～15岁。遗精是青春期男孩发育的一个重要标志，是一种正常的生理现象。

遗精通常又称为"梦遗"或"梦精"，一般在睡梦中发生。由于男性的睾丸是产生精子的器官，随着年龄的增长，生殖器官的成熟，睾丸每时每刻都在产生精子，精囊和前列腺等也不断分泌精浆，这样精液在体内不断地积蓄，当达到一种饱和状态时，就会通过遗精的方式排出体外，这就是"精满自溢"的道理。一般来说，男孩每月遗精1～2次，有时稍多几次，均属正常生理现象。少男首次遗精是性成熟的标志之一。

2. 遗精所带来的心理问题

有的孩子早晨醒来发现流出的精液污染了内衣和被褥，就会感到十分不安，心里满是疑惑，甚至还会产生一种负罪感，认为自己干了低级下流的事情。这会让他本来美好的心灵充满了某种恐惧，总是感到羞于见人，也不敢让别人知道，好像自己干了什么见不得人的事，唯恐被父母发现了，每天沉默寡言，不敢与父母进行交流。遗精对男孩心理上造成的困扰就表现在——情绪上不稳定，伴有一种紧张、羞涩、困惑、恐惧和焦虑不安等的产生。

其实，每一个处于青春期的男孩都要学会接受自己身体的变化，包括遗精。遗精既是正常生理现象，也是普遍现象。每一个发育健康的男孩在青春期都会发生遗精现象，这是很正常的。遗精是自发的、不随意的反射活动，并不受意识所控制，遗精与思想纯不纯洁或道德品质好坏没有任何关系。遗精没有任何规律而言，一般来讲，正常的遗精对身体并不会产生不好的影响，有的医学专家还认为遗精在某种程度上可以消除体内的紧张，达到一种生理平衡，有利于身体健康。

3. 注意清洁

遗精会从体内流出精液，所以需要注意清洁卫生，特别是在床上，你可以用卫生纸清除排出物，一定要及时擦干净，再清洁局部的皮肤就可以了。当然，为了避免流出的精液弄脏了衣服、床单，你可以事先在床上准备些卫生纸或者小毛巾，以备及时擦拭身体，避免出现尴尬的状况；你也可以另外再准备一条干净的内裤，以便及时换掉弄脏的内裤。弄脏的内裤应该及时清洗，并且要在阳光下晾晒。如果你是初次遗精，那么要避免穿过紧的裤子，裤子过紧会增加对阴茎头的摩擦，容易引起性冲动。男孩也要注意保持外生殖器的清洁，避免包皮垢刺激龟头，不看具有性色彩的影视作品。

"一滴精"真的是"十滴血"吗

青春期成长事件：生物老师留下的纠结问题

这天，生物老师上课的时候，已经讲到了精子，同学们正听得津津有味，下课铃声却响了起来。无奈的生物老师摊了摊双手："下课时间已经到了，欲知后事如何，且听下回分解。"下面的同学笑了起来，生物老师示意大家安静下来："同学们，留给你们一个问题，古人说'一滴精等于十滴血'，你们认为这样的说法正确吗？为什么？请各位同学下去讨论，或者上网查查资料，或者请教爸爸，在下一节课我将请几位同学上来回答这个问题。""啊？"丁丁一个人张大了嘴巴，生物老师指着丁丁："就你了丁丁，下节课你第一个上来回答我的问题，一定要认真对待啊。"丁丁捂住了嘴巴，连连点头。

下课后，丁丁一脸苦相，心想自己哪里知道答案啊，这句话连听都没听过。坤坤走过来，打趣地说："走，去厕所。"两人边说边聊去了厕所，厕所里面没有几个人，丁丁不禁放大了声音："你说，'一滴精等于十滴血'，这样的说法正确吗？"这时，旁边一位高年级同学一副过来人的口气："当然正确啦，古人说的话哪有不对的？就是让你们这些青少年注意，手淫对身体不好。"另一位高年级同学提出不同的看法:"这句话是不对的,没有科学依据,这不就是禁欲嘛,要是那样,那我们这么多孩子怎么来的?"才进厕所的罗小松附和道:"嗯,是的,老师说'精满自溢',就是这个道理。"听得晕头转向的丁丁茫然地问:"那到底是对还是不对啊?"这时,上课铃响了,罗小松撇了撇嘴道:"还是自己慢慢想吧,上课啦。"

迷茫的丁丁准备晚上回去问爸爸,他或许知道答案。

送给青春期男孩的话

有时候,我们经常会听到"一滴精等于十滴血"这样的说法,但是很多处于青春期的男孩子却不知道这到底是什么意思,而这样的表述又是否正确呢?其实,任何古人留下的文化或是名言,都有它的道理所在,但是随着时代的发展,肯定也会有欠缺的地方。对于这样一句话,我们就应一分为二来看待。

古人说"一滴精,十滴血",并不是说一滴精液与十滴血的营养等同,而是指一滴精所需要的生机与十滴血所需要的生机是一样的,十分珍贵。因为每个男性都是依靠精子来传宗接代的,这就表明精液里面所包含的信息和能量是最为精密和丰富的,它足以铸就一个新的生命。古人认为精子是一种物质与能量的高度集中体,因此,古人提倡节欲保精,以保存生机,不轻易丧失生命力,身体才能健康,才会延年益寿。

1. 遗精对身体有害吗

在民间，人们也常说："一滴精等于十滴血。"他们认为精液是人体内的"真精"和"元气"，并且认为遗精会严重损害一个人的健康。这样的思想一直伴随着他们，使他们心里有种很大的精神负担和思想压力，往往会出现精神萎靡、神经衰弱、极易疲乏、虚弱无力、腰酸腿软、失眠多梦、健忘等一系列症状，甚至造成性欲减退、早泄、阳痿等性功能障碍。其实，这样的焦虑是毫无科学根据的，而这样的观念也是十分有害的。

精液是由精子及副性腺的分泌物构成的，其物质基础与身体其他成分相似，主要成分是水，并含有少量蛋白质、脂肪和糖类，每次遗出的精液量也只有3~4毫升，因此，遗精根本不会影响到身体的健康。

2. 精子与血液有关系吗

实际上，精液和血液之间是毫无关系的，排精液并不会对身体有很大的损伤，两者都可以很快地由身体的有关分泌腺分泌出来。除了精子，精液中的其他成分叫作精浆，精浆的成分与血浆相比没有太大差异，血浆里除90%的水分外，其他是极少量的蛋白质、糖、微量元素等物质，所以，"一滴精等于十滴血"的说法是不科学的。

在过去，人们因此而压抑性欲，但现代医学有所进步，已经完全推翻了这种观点。

3. 如何正确看待"一滴精等于十滴血"

"一滴精等于十滴血"也有一定的道理。除了青春期男孩及单身男人正常的遗精、婚后男子正常的性生活以外，其他比如频繁遗精、过度手淫、纵欲等这些不适当的性行为都对身体是十分有害的。

虽然偶尔遗精对身体没有什么影响，但若频繁遗精并伴有阳痿或早泄，则

第二章 别害羞，私密部位的发育 知识早知道

会因精液质量下降或性功能障碍而造成不育。青春期孩子必须注意，过度手淫对身体健康十分有害，会使人精神差、昏沉，会影响身体的发育，严重的会导致免疫力低下，容易患慢性病，影响学业、工作。

第三章
Chapter 3

花季困惑，青春期大方面对「性」的问题

青春期的懵懂男孩终有一天会成长为男人，了解自己的身体、了解必要的生理常识，是成长中不可或缺的一课。有些话题可能比较敏感，但只要彻底打破神秘，也许就能找出解决问题的最佳办法。当花季来临，丁丁发现自己有了新的变化，那种微妙的情感、淡淡的情愫、尴尬的心理，就隐藏在生活的每一个角落。另外，生理上开始有了莫名的冲动，自己快掌控不了局面了，心里既害怕又兴奋。其实，这都是成长中必须经历的过程，下面我们就为你一一解释花季里的困惑。

保护私密处，防止受伤

> **青春期成长事件：一场篮球赛**

上周末，丁丁他们班就与隔壁班约好了，准备在这个星期天打一场篮球赛。到了星期天，两个班的男生聚集到篮球场。比赛开始了，加油声、呐喊声回荡在人山人海的篮球场上空。丁丁和队友们在呐喊声中觉得冲劲儿十足，飞奔在篮球场上。一不留神，坤坤手里的篮球就被对方抢了过去，那是一个高大的男生，只见他拍着篮球向前进攻，趁着丁丁他们不注意，投了个令全场人都叫好的三分球。丁丁一下子泄了气，他凑近旁边的罗小松，细声道："我们得抢在他们前面。"罗小松点点头。

又一个回合开始了，丁丁和罗小松主要防守那个高个子男生。只见罗小松步步紧逼，那个高个子男生无处躲避，他决定把球传递给自己的同学，可被聪明的罗小松看了出来，篮球从高个子男生的手中飞了出去，不料因为方向失准，而罗小松又正面迎过来，篮球正中罗小松的私密处。罗小松当即就躺下了，身体蜷在一起，疼得在地上打滚，两边的队友都围了过来。丁丁也跑过来，看见罗小松满头大汗，王翔走过来，急忙扶起了罗小松，在同学们的搀扶下，罗小松被送到了医务室。丁丁不解地问："篮球撞到那里了吗？"王翔点点头，脸色有点沉重："不知道伤势严重不，这可是最关键的部位，一不小心会残废的。""有这么严重吗？"丁丁睁大了眼睛，王翔解释道："是啊，所以在运动的时候，千万要护住你的私密处，它正处于发育期，可脆弱了。"丁丁恍然大悟："怪不得我看足球赛的时候，当罚任意球的时候，那些防守方的队员都会有意识地用手遮挡住自己的阴部。"那边，传来罗小松痛苦的呻吟声，医生走了过来，说"你们是他的同学吗？幸好不严重，用冰先敷一下，注意休息就好了。"

送给青春期男孩的话

每一个步入青春期的男孩子都要懂得如何来保护自己，特别是自己的私密部位。当你在运动或与同学打闹时，要避免自己的睾丸、阴茎遭受剧烈的撞击与踢打，因为生殖器官还处于发育期，比较稚嫩，稍不注意就会受伤，严重的甚至会影响今后的生育功能。

也许很多男孩子都看过足球赛，当罚任意球的时候，防守方的队员往往要组成人墙。如果这时候你仔细观察，就一定会看到组成人墙的队员会有意识地用手遮挡住阴部。私密处是男性身体的一个要害部位，也是一个非常脆弱的地方，需要格外注意保护。

1. 为什么男性的私密部位如此脆弱

男性的整个外阴部包括阴茎和睾丸，睾丸上遍布着大量的神经，而且外面又有一层又厚又韧的白膜，它的体积受到严格的限制而不能轻易改变。另外，睾丸对压力是非常敏感的，它比较娇嫩，既碰不得，又捏不得。所以，当一个运动员在球场上不小心被球重重地击中，一定会痛得打滚，甚至有时候会痛得晕过去，发生所谓的神经性休克。男性在运动时，阴囊比较容易受伤，其次才是阴茎。这主要是因为阴茎只在海绵体处于勃起状态时比较容易受伤，而在运动时，阴茎很少有勃起的现象，所以它的受伤概率比较低。

2. 私密部位如果不小心受伤了怎么办

处于青春期的男孩子比较调皮，喜欢打闹嬉戏，或者参加足球比赛等比较激烈的运动，不小心就会碰着阴囊，引起阴囊内出血和阴囊血肿，非常疼痛。这时候如果你仔细观察，就可以看到阴囊肿大，阴囊皮肤变成紫色，这就是发生了阴囊外伤性血肿。

如果你发现阴囊已经出现了血肿，应马上停止活动，就近找一家医院处理，或用冰水冷敷患处，减轻血肿情况。在受伤的12小时内，不断用冰水或冷水冷敷阴囊，这样可以使血管收缩，减少局部出血。同时，还应卧床休息，尽量减少不必要的活动。等到两三天以后，阴囊内的出血就会完全停止，这时候你可以热敷阴囊，这样可以加快局部血液循环，促使阴囊内的淤血吸收和消散。

如果外伤比较严重，阴囊非常疼痛，痛得你冷汗淋漓，即使口服了止痛药也难以减缓疼痛；阴囊血肿也很大，并且还在不断增大，这种情况可能是合并睾丸破裂等更严重的损伤。对于这种情况，应及早送医院救治，千万不要因为不好意思而错过了治疗的良机。

所以，当你了解了上述知识，就应该明白自己的私密处是多么重要了吧。那么，为了防止自己的私密处受伤，在平日的运动、游戏、嬉戏打闹中，就要避免那些可能造成伤害的危险动作，学会保护自己，也要保护同伴的安全。

为什么一到早上它就挺立了

青春期成长事件:"小帐篷"的糗事

最近,丁丁老是为一件事情烦恼。就是在每天早上醒来的时候,内裤就搭起了"小帐篷",害得他只能蜷缩在被子里,等着它慢慢变小,或者趁着妈妈不注意的时候,急忙跑到厕所去解决。奇怪的是小便之后,"小帐篷"就消失了,丁丁心想,难道这是尿憋的?

这天早上,他吃过早餐就出门了,一边想着每天早上的事,一边琢磨着原因。快到学校的时候,他看见了在路边买早餐的坤坤,笑着打招呼:"你还没有吃早餐啊?"坤坤一边掏钱一边回答:"是啊,你吃了吗?没吃我请你。"丁丁非常遗憾地说:"唉,可惜我已经吃了。"等坤坤买好了早餐,丁丁跟着坤坤并排走着,他小声说道:"坤坤,问你件事,早上起床的时候,你的内裤会不会撑起'小帐篷'?""小帐篷?"坤坤感到不解,丁丁有点不好意思:"就是那个啊……那个。""哦,有啊,我爸爸说那叫'一柱擎天'。"领会了丁丁的意思,坤坤解释起来。"一柱擎天?这词怎么这么熟悉?"丁丁心里满是疑惑。

第二天早上,丁丁还做着美梦。"丁丁,起床啦。"妈妈一掀被子,将丁丁唤醒。丁丁揉着惺忪的睡眼去洗手间,内裤顶得像"小帐篷"。妈妈笑道:"看你让尿憋得,再晚点起身,非尿床不可。"丁丁一下子瞌睡就全没了,窘迫地躲到了卫生间。爸爸一边刮着胡子,一边小声说:"这你就不懂了,这叫晨勃。"

听着爸爸的话,丁丁心想,一会儿上网查查什么叫晨勃。

送给青春期男孩的话

青春期男孩每天早上都会遇到"小帐篷"的糗事,这让许多男孩陷入了一种窘迫的境地,这是自己难以控制的。其实,这是大部分青春期男孩子都会有的正常现象,它既不是病,也不是什么见不得人的糗事,你也不用为此感到烦恼或羞愧。晨起的时候,"小弟弟"会挺立,撑起了"小帐篷",这其实就是丁丁爸爸所说的晨勃,那么,什么是晨勃呢?

1. 什么是晨勃

正常男性的阴茎,除外界刺激可使阴茎勃起外,有时内脏器官的反射作用也会导致阴茎勃起,最明显的是早晨醒来时常见的阴茎勃起。这是一种正常生理现象,医学上称之为清晨勃起。

阴茎出现清晨勃起的原因有几方面:一是男性的雄性激素睾酮在血液中的浓度在清晨达到峰值,有诱发、刺激阴茎勃起的作用;二是夜间排尿次数相对较少,尿使膀胱充盈,膀胱内压力增加所产生的。另外,还有一些其他诱因,如性梦及某些睡眠姿势、床上用品的刺激等,也会使阴茎出现反射性勃起。

据美国一位学者的研究资料报道,男子在 20～30 岁的阴茎清晨勃起次数多于中年和老年男子。

一位德国医生也研究了这种生理现象,他发现,男子在患病期间的阴茎清晨勃起次数明显少于健康时的次数,于是他提出,阴茎清晨勃起可以作为观察男子性能力和健康状况的参考指标之一。

2. 如何应对尴尬的"小帐篷"

阴茎勃起,对于正在发育的青春期男孩来说,是非常普遍的现象。这种冲动,可以在各种情况下发生,比如睡梦中、早晨刚刚醒来,洗澡时,甚至在公共场合。而且往往自己难以控制,有时会让男孩感到自己是做错了事,进而感到羞愧、内疚和不安。

青春期男孩受雄激素的影响,对性刺激尤为敏感,阴茎受刺激后容易勃起的现象完全正常。如果是在公共场所遭遇"尴尬"的话,应该首先检查自己是否穿了过紧的内裤、牛仔裤,或者人太多时,有无不经意的阴茎摩擦,这两个因素都可能导致它勃起。

清晨勃起是所有性功能正常的男性普遍存在、自发产生的生理现象,是性能力成熟、健康的表现。所以,当你醒来发现阴茎勃起的时候,应该为自己的身体健康感到高兴。当发现勃起时就去卫生间小便一次,因为通常在膀胱里的尿液排空后,阴茎会自然而然地疲软下来。另外,学会控制自己的心理,不要为此而担心、紧张,因为这是正常的生理现象。

有性幻想了，内心好愧疚

青春期成长事件：我是个坏孩子吗？

下课后，无聊的丁丁在教室里四处走动，到了最后一排，发现几个男生头都凑在一起，偶尔还露出惊异状，样子十分神秘。丁丁轻手轻脚地走过去，凑近了一看，原来被围在中间的罗小松正拿着一本书，大家都在看。丁丁的视线被那几个男生遮住了，他使劲儿往里挤，惊动了正在看书的几位，罗小松连忙收起了书，几位男生也一哄而散了，丁丁不解地问："你们在看什么书？给我也瞧瞧呗。"罗小松面无表情地答道："哪有什么书，去去去，我要出去了。"说完，就跟着那几位男同学出去了。

等他们走了，丁丁在罗小松的抽屉里翻了起来，突然发现里面有一本被包起来的书，他好奇地打开一看，一下子惊呆了。原来里面全部是一些赤身裸体的男女搂在一起，丁丁马上合上了书，但内心一股强烈的欲望又促使他打开了，他看着不禁觉得面红耳赤。这时候，罗小松回来了，他远远地叫着："丁丁，你在干吗？"丁丁慌忙地把书塞进抽屉，回到自己的座位上去。恰在此时，上课铃声响了，那节课丁丁什么也没有听进去，脑海里始终浮现着书里的画面，看着台上的老师，心里有点着急，忍不住掐自己的大腿，让自己的思绪回到课堂上来，可还是忍不住去想。

之后的几天里，丁丁在写作业或者睡觉前总是忍不住会想起那天书上的画面，等回过神来又觉得自己太不应该了。就这样反反复复，把自己搞得很紧张，晚上经常失眠，白天精神也不那么好了，学习效率也有所下降。丁丁觉得已经难以控制自己了，他有时候狠狠地打自己，恨自己已经变成一个坏孩子了。

无助的丁丁在一个周末，终于向爸爸吐露了自己的心事。

送给青春期男孩的话

和丁丁一样，许多青春期的男孩子都会被忽然冒出来的性幻想困扰，他们也像丁丁一样批评自己，努力控制自己不去想，但这些思想还是会自己跑出来，影响自己的学习。那么，作为正处于学习最佳时间的青春期男孩，应该如何面对那些不期而至的性幻想呢？

1. 什么是性幻想

性幻想又被称为"性想象"，是一种含有性内容的虚构想象。青春期的敏感性决定了这一时期是性幻想的活跃时期。对青春期的男孩子来说，性幻想的产生是性发展、性成熟的自然表现。当男孩进入了青春期，随着生理发育，性发育成熟，性激素达到一定程度，性欲就会促使人自然地萌发各种性想象。青春期对性的好奇和追求，使得青春期男孩对异性的爱慕十分强烈，但这种性冲动无法通过其他性行为来释放，于是便把自己曾在书籍、影视及网络中所看到的两性镜头，经过大脑重新组合、加工，编成自己参与的性行为过程。可见，性幻想是青春期性本能的发泄形式之一。

2. 性幻想带来的困扰

虽然青春期男孩出现性幻想是正常的，但是有许多男孩子因此而倍感困扰，甚至出现严重的心理问题。一些青春期男孩会羞于自己的性本能，觉得性幻想是肮脏的事情，害怕自己会因此而变坏，于是对自己的性本能过分地压抑，最终导致一些或轻或重的心理问题的产生，有些男孩甚至患上了神经症或心理疾病。

出现这样的情况，其实主要是因为青春期男孩对性的恐惧，他们一方面受传统文化观念的影响，对性知识没有一个正确的认识；另一方面，缺乏对性的科学认知，认为这是坏孩子干的事情。所以，解决青春期男孩因性幻想所带来的心理困扰，主要还是要让青春期男孩正确认识性幻想，并能恰当地处理自己的胡思乱想。

3. 如何解除困扰

对待性教育，父母应该开明且谨慎。在青春期，父母要重视孩子们青春期性生理和心理变化，对他们这一阶段的冲动和压力给予理解。另外，在性教育方面应该给孩子们以正确的引导，避免让他们因过分好奇而去尝试，甚至误入歧途。

社会方面，特别是学校，可以通过科学教育来正确引导学生，让学生学会控制自己的感情，明白性行为可能会带来的严重后果，尽量避免性行为的发生。培养青少年对性的正确态度和对性行为的正确认知，让他们懂得性行为道德规范和自我控制的意义。

最重要的一点是，还需要青春期男孩自己通过努力，来控制自己的感情。

这需要做好以下几个方面：男孩子要科学地认识有关性方面的知识，其实，性本能释放的大部分能量可以分散到学习上来；当与异性接触时，要以自然、坦率、友好的心态进行交往；远离不良色情内容的录像带和碟片；在课余时间多参加一些有意义的活动，有益地释放充沛的精力；由于青少年涉世不深，辨别能力不强，容易受社会环境的影响，因此择友时应谨慎。

另外，当性幻想出现时，可以对自己暗暗地说："处于青春期的我，有这样的想法很正常。下面我要认真地看书了。"不要过分地纠结于自己的性幻想，不过分否定也不过分沉溺，有适当的自我控制而不过分压抑，从而减少性幻想对自己生活的影响。

自慰的危害你要知道

青春期成长事件：爸爸找我谈话了

自从丁丁看了那本黄色书刊，心里一直留存着那本书的影子，虽然在和爸爸交流之后，他的精神已经有所好转了，但每当夜深人静的时候，就忍不住想起那些赤身裸体的形象来。这又让他想起了班上新转来的一位女同学，第一眼见到她，丁丁就面红心跳，心里有一种说不出来的感觉……

第二天，他来到班上，一看到了那位新转来的女同学就有些不好意思。整个上午，他都没有精神好好学习，中午的时候，他和坤坤、罗小松一起去饭堂打饭。路过操场的时候，看见一个男生无精打采地站在那里，满头的乱发，只有两只大眼睛滴溜溜地转，坤坤同情地说："可能是饿坏了吧。"丁丁也点点头，罗小松狡黠地说："我看不像，肯定是自慰过度了。""自慰？"丁丁和坤坤异口同声地叫了起来，特别是丁丁脸涨得更是通红，罗小松看着脸红红的丁丁，取笑道："这有什么可难为情的，每个青少年都会做的事情，不要胡思乱想了。"

吃过晚饭之后，爸爸喊住正要回房间的丁丁："丁丁，爸爸有话跟你说。"丁丁愣住了，跟着爸爸来到了书房，爸爸很和善，

第三章 花季困惑，青春期大方面对"性"的问题

71

微笑着拉着丁丁的手说:"丁丁,爸爸妈妈看到你成长了,心里很高兴,可是,无论你遇到了什么事情,都可以跟爸爸妈妈说,我们毕竟是成年人,比你懂得要多,可以正确地引导你。""嗯。"丁丁低头答应着,爸爸又说:"今天,你妈妈去收拾你的房间,看见地上有很多面巾纸,爸爸很担心你,虽然自慰本身是无害的,但是……"

送给青春期男孩的话

影视、报纸、杂志,特别是一些色情作品的诱导会使男孩产生性冲动,进而学会自慰。当然,第一次获得了快感,就想第二次。虽然青春期男孩偶尔有一次自慰、发泄一下,是正常现象,但是也有不少男孩子染上手淫的习惯,而难以自拔。有的人甚至天天手淫,寻求快感,这样既损伤身体,又摧残心灵。所以,作为父母,才会像丁丁爸爸一样担心孩子的身心健康。

1. 什么是自慰

自慰,过去也称为手淫。自慰是从儿童期就存在的行为,多是由于无意识地玩弄生殖器,穿紧身裤、爬杆时,因为摩擦使生殖器受到刺激从而引起了快感,但一般并没有性高潮。当男孩进入青春期后,由于体内的生理变化,雄性激素增加,由此产生性冲动和性欲,对性问题满怀憧憬、好奇、幻想。作为一种本能,他们会在性生理和性心理的驱使下开始有意识地自慰。

2. 正确看待自慰现象

作为一个青春期男孩,首先应该对自慰有正确的认识,自慰并不是一种病态而是一种正常的生理现象,因为正常的性欲是人类繁衍后代最基本的要求。而自慰不会传染任何性病,也不会涉及他人,或卷入感情纠葛,也不会导致性攻击甚至性犯罪的发生,所以是一种合理的释放性欲的方式。

但是,过度的自慰,沉迷其中则会影响青春期男孩的身心健康。过度自慰就属于一种心理障碍,严重影响身体健康,其危害主要表现为:

(1)中枢神经系统症状,如意志消沉、记忆力衰退、注意力不集中、理解力下降、失眠、多梦、头昏和心悸等。

(2)泌尿生殖系统疾病,慢性前列腺炎引起尿频、尿末滴白、下腹及会阴部不适、腰酸无力、性欲减退、阳痿、早泄、不射精等。

(3)经常自慰会成为一种习惯,甚至认为自慰可以代替性生活,有的则会形成同性恋、自恋等病态人格。

(4)使用性工具不当。有的男孩子受到一些不良书刊、影视的影响,或性用品商店的非法宣传,使用性工具而对生殖器官、性欲唤起造成损害。

3. 青春期男孩如何应对这一情况

青春期的男孩子平时需要注意生活规律与生活调节,需要注意自己的穿着,在日常生活中尽可能地不穿太紧的衣裤;保证充足的睡眠时间,睡觉时被褥不要过暖过重;养成良好的卫生习惯,经常清洗自己的私密部位;学习之余多参加社交活动,分散自己的注意力,有益于身心健康;另外,要适当接受性心理和生理卫生的教育,掌握有关性的基本知识,排除对自慰有害的错误认识,能够正确地处理性紧张与性冲动问题。

青春期性行为不可取

青春期成长事件：一堂特殊的健康教育课

今天上午课，丁丁和班上其余的26位男生，一起见证了一堂特殊的青春健康教育课。当主讲老师走进教室时，教室里响起了一阵热烈的掌声。老师先进行了简单的自我介绍，就马上进入正题。他突然向同学们问道："你们对青春期性行为是怎么看的？我对在座的同学统计一下。"结果依据举手示意，大约有40%的同学反对性行为，大约20%的同学赞同性行为，其余的同学则表示无所谓。老师微笑着，似乎这样的情况早就在他的预料之中。"知道青春期性行为不对，但如果是自己心仪的女孩子发出的性邀请呢，你怎么对待？"老师把又一个话题抛出，这下，教室里顿时炸开了锅。

有个别同学表示会直接答应邀请，少部分同学选择直接拒绝邀请，大多数同学表示对这样的邀请犹豫不决。心仪的女孩子发出邀请，多有吸引力啊，男孩子们想"赴约"，又担心发生关系后会产生意想不到的后果，如会传染艾滋病，会导致女孩子怀孕，以后会心理压力过大，影响学业，万一让人知道了，自己和家长都抬不起头来。面对同学们的议论声，老师没有理会，他又给同学们设置了3个极具诱惑力的邀请:"今晚我爸妈不在,你来玩吧""别人也是这样,我们也来试试""只要相爱,还有什么不可以的"。这下子,同学们的回答更是五花八门了。

立场比较坚定的坤坤聪明地婉拒:"可我爸妈在,不能出门。"而罗小松的回答则显露出十足的男人味:"因为爱你才不想伤害你。"小胖决定欣然赴约:"你这么强烈要求,那我同意吧!"王翔也表示:"好的,不过必须做好安全工作。"而当问到丁丁的时候,他则显得犹豫不决:"我还没准备好,不知道。"引得同学们笑声一片。另外,班长则回答:"嗯?我也想。可是我们现在太小,我怕会让你受伤。"

后来,当主讲老师讲到女孩子流产对身体的损害时,下面所有的同学都认真地听着,教室鸦雀无声,有的同学在得知流产竟有这么巨大的危害时睁大了眼睛,显得很震惊。

送给青春期男孩的话

当你步入了青春期,身体特征发生了显著的变化,内心有了某种冲动,有时候会通过杂志、电视等各种渠道获得了一些性知识,也开始有了自慰、浏览黄色书籍、黄色网站等行为。这时候,因为心中难以浇灭的欲望,不禁会有一种想靠近异性的冲动。其实,这样的心理历程,对于每一个青春期的男孩子来说,都是极为正常的,关键是看你如何控制自己的感情。

青春期正处于机体生长发育的转折点,进入这一时期,性腺机能发育成熟,男女两性的差异日益明显。同时，性激素分泌的增加，第二性征的出现，促进了青少年性心理效应和随时可能发生的性行为反应。男孩子开始意识到两性的差别和两性之间的关系，在情感上会产生一种接近异性的愿望，随着年龄的增长，他们会不自然地把异性当作自己性幻想的角色之一，甚至想触摸对方的身体。青少年在性发育期，对性充满了好奇和疑惑，与异性朋友发生接吻、抚摸等边缘性行为则可能直接促使性行为的发生。

如今，在宽松的社会舆论下，许多青少年开始变得对性行为不在乎，对性也更缺乏责任感。事实上，性行为是一种具有后果的行为，本身就带有一种责任。但是，对于尚处在青春期的男孩子来说，自己本身尚未成熟，也没有能力承担性行为可能带来的责任和义务，更无法面对性行为发生之后可能带来的严重后果。

过早的性行为会使处于青春期的孩子产生紧张、忧虑、忐忑不安等较大的情绪波动，也会给自己带来沉重的精神负担。青春期正值学习文化的最佳时期，如果早恋，去追求所谓的刺激，必然会影响学习。另外，青春期的性行为中最受伤害的还是女孩，当与异性之间有了性行为，极有可能令少女怀孕，这样只会给对方带来严重的身心伤害，而这种伤害是无法弥补的。所以，要学会控制自己的感情。

青春期性行为将对今后的恋爱、婚姻及家庭观念产生巨大影响，因此每一个青春期男孩子都要重视。

要想避免此类事情的发生，可以有针对性地从以下方面着手：运用一些方法来转移注意力；积极面对性冲动带来的困扰，调整心态，寻求解决办法；可以求助于老师、家长、书刊、报纸、电台；尽量避免看带有性刺激色彩的书刊、影视、网页；积极参加有益的集体活动，通过这种方式来释放多余的能量；培养兴趣爱好、丰富业余生活；与异性交往要自然适度。

套套的作用不只是避孕

青春期成长事件：超市里的尴尬

星期天，丁丁和爸爸一起去逛超市，爸爸买了最喜欢喝的啤酒，丁丁买了一盒笔，然后他们又挑选了肉食、蔬菜、水果。转了一大圈，购物车里已经塞得满满的了，于是两人推着购物车来到了收银台。因为是周末，超市里的人很多，十几个收银台同时开放，但是等着结账的人还是排了长长的队伍。

丁丁和爸爸等了很久，终于快靠近收银台了，收银台旁边是一个售货架，上面有各类口香糖、巧克力等商品，方便人们在离开超市之前顺手购买。这时，丁丁看见前面一个男青年左顾右盼，发现没有人注意他，便迅速在货架上拿了一盒类似口香糖的东西，丁丁心想：难道他是小偷吗？那男青年突然发现丁丁正看着自己，便莫名地对丁丁笑了笑。丁丁不知道他在笑什么，后来发现男青年还是把那盒东西一起结账的。丁丁心里满是疑惑：既然他不是小偷，为什么买东西还偷偷摸摸的，生怕被人看见？

随着人群向前移动，丁丁和爸爸也站在了售货架旁边，丁丁想着刚才男青年的动作，忍不住伸手也拿了一盒，旁边的几位阿姨看见了，显得有点吃惊，一位阿姨更是感叹："现在的孩子，小小年纪就学坏了。""是啊。"另外一位阿姨附和道。后面的爸爸回过神来，看见丁丁手上拿着的东西，一脸诧异："丁丁，你拿它做什么？"丁丁认真看了看盒子，发现竟然是避孕套，他一下脸就红了，急忙放回售货架上。丁丁低声对爸爸说："我还以为是口香糖呢。"爸爸听见后笑了起来。结账后走出超市，爸爸拍拍丁丁的肩膀道："孩子，你也长大了，明白它是做什么用的吗？"丁丁想起生物老师讲过的知识，不禁点点头。

送给青春期男孩的话

也许，许多青春期的男孩会像丁丁一样看到避孕套会感到羞涩，除了从老师或者书本那里了解了一些有限的知识外，似乎对它还是很陌生，这也难怪丁丁会在超市里惹出尴尬来。

其实避孕套又叫安全套，因为它的功能不仅仅是避孕这么简单，还可以预防性病和艾滋病的传播。作为青春期的男孩子，即将成长为一个成年男性，不可避免地会接触到与性有关的东西，甚至有的青少年按捺不住内心的冲动，发生婚前性行为。

诸多事实已证明婚前性行为不可取，即使使用了安全套，也不能做到百分之一百的避孕成功率。任何性行为都是要承担后果的，而这些后果往往不是尚且稚嫩的中学生所能承担的。如果因为偷尝禁果而怀孕，在这个年纪怀孕很大可能会选择流产，而流产并不像广告里说的那么轻松，会给女性的身体带来无可挽回的伤害，甚至给双方的家庭都带来不小的困扰。

对于正值青春期的孩子们来说，你们的身体并没有发育成熟，爱情生长的土壤也不具备，过早地恋爱、发生性行为反而会对身体带来伤害，最明智的办法是筑好防线，集中精力学习，树立正确的人生观、价值观，学会自尊、自重、自爱、自制，用健康的思想和法制观念来指导自己的行动。

偷尝禁果了，怎么办

青春期成长事件：可怜的她

这天中午休息，同学们都在教室里打闹着，小胖匆忙地跑进教室，气喘吁吁地大声叫道："重大新闻！重大新闻！"同学们在他的大喊声中安静了下来，罗小松有点不屑地问："有什么新闻啊？"小胖走上讲台大声说道："包你们听了大开眼界，你们知道高三年级那位很漂亮的学姐吗？就是翟蒙蒙啊。""跟市长的儿子谈恋爱的那个女生？"罗小松问了一句，小胖直拍手："是啊，他们俩在一起有大半年了吧？谁知，前不久那女生怀孕了。""啊？这可怎么办？"下面的同学们都很惊讶，一个中学生怀孕了，那确实是重大新闻。小胖又接着说："可今天不知道怎么了，这位学姐在上体育课的时候，突然晕倒了，还出了好多血，刚才正在医务室呢。""唉，真可怜。""是啊，可惜了这么漂亮的女孩。""还不都是男生造的孽，都怪你们男生。""干我们什么事？"……大家都在议论纷纷，这时，班主任走了进来，教室里顿时安静下来。

下午课下课之后，整个教室又开始议论起来了，班里的"包打听"艳艳同学告诉了同学们整件事:"蒙蒙学姐怀孕之后,那市长公子就开始躲躲藏藏的,害怕这件事被父母知道了。后来蒙蒙学姐一个人去廉价的小诊所做了手术,之后她的身体就一日不如一日了,今天体育课太阳太大了,身体又虚弱,就当场晕倒了。现在虽然苏醒过来了,可她知道自己的事情在学校传遍了,很受打击。""唉!"下面的同学都感到无比同情。丁丁低沉地说:"我们也不要议论这件事了,她已经那么不幸了。""嗯。"许多同学表示同意。

星期一,同学们来到了学校,得知蒙蒙学姐已经迫于压力退学了,而那位市长的儿子也转学走了。学校里暂时回归了平静,但丁丁总感觉弥漫着淡淡的忧伤。

🔔 送给青春期男孩的话

虽然青春期不可以发生性行为,但是许多少男少女还是忍不住偷吃禁果,并不得不面对残酷的现实:害怕被父母发现、害怕被老师察觉、害怕一个小生命的到来。在这样的情况下,青春期男孩因为心理上的压力会选择逃避,不愿意甚至也不能承担自己所造成的后果,而女孩们只有一个人吞下苦果,甚至像蒙蒙一样只能退学。这样的结果,父母不愿意看到,也不希望看到,父母最大的心愿是希望孩子们能够健康地成长。

青春期是一个充满激情的时期,也是一个相当微妙的时期,所以处于这个敏感时期的男孩子难免会被异样的心弦所拨动。正如亚当和夏娃偷吃禁果一样，青春期的禁果虽然也充满了诱惑，但它毕竟是禁果，还没有成熟，它的颜色是青的，滋味是涩的，所以，它带给男孩子的往往是痛苦多于快乐，甚至有的时候会因为一时的放纵而留下终生的悔恨。青春期的男孩子，身体的各部分还没有完全发育成熟，如果过早地偷食"禁果"，会对以后的婚姻生活造成很大的伤害。女孩子在18岁以前，虽然已经具备了生育能力，但子宫尚未完全发育成熟，这时如果发生性行为而导致怀孕，会给发育期的少女带来巨大的伤害。流产、早产也容易引发子宫内膜炎、输卵管炎、盆腔炎、宫外孕等妇科病。

　　偷吃"禁果"对青春期男孩子造成的心理影响也十分严重。因为偷吃"禁果"的男孩子害怕自己的事情被父母、老师知道，背负着沉重的心理负担，时间长了这些心理压力还会产生一系列的精神症状；还有的男孩子会因为"破罐破摔"，不断地自责，甚至糟蹋自己，进而走上违法犯罪的道路；有的男孩子因受不了心理压力，甚至想着以自杀来寻求解脱。所以，青春期男孩应该学会克制，不要过早地发生性行为。

　　那么，如果没有克制住自己，偷食了禁果，又怎么办呢？

　　如果万一真的没忍住发生了实质性的性行为，那么就要努力将伤害降到最低，如第一时间采取紧急避孕措施；好好反省，争取不再被欲望支配，一切以学业为重。如果意外怀孕了，那就需要进行手术，因为这个年龄没有任何能力来迎接一个小生命。这时候必须选择正规的大医院，这样对女孩的身体也会少一些伤害。最重要的是一定要告诉爸爸妈妈，求救于父母，不要有所顾忌，也许和父母之间有争吵，但如果选择逃避或不告诉父母，事情得不到妥善处理，最终受伤的还是自己。

第四章 Chapter 4

青春悸动，了解一些与女孩有关的生理知识

　　青春期可以说是一个人一生中变化最多的一个时期。幻想与困惑、理智与激情同时存在，心态的变化、外界的刺激、各种各样美好的理想以及对知识的渴求交织在一起，这让男孩们开始对异性有了懵懂的情愫。青春期是一个充满幻想的季节，少男少女们对未来充满了美好的向往；青春期也是一个充满诱惑的季节，未知的东西对少男少女充满了吸引；青春期又是一个悸动的季节，少男少女之间多了点拘泥，少了些随意。什么时候，你已经发现对待女生的感觉不一样了，也开始有喜欢的人了，面对这样的感情，又该如何处理呢？

为什么现在看女生的感觉与以前不同

青春期成长事件：美丽的邂逅

终于到国庆假期了，丁丁一个人坐车回了乡下爷爷家。看着汽车在蜿蜒崎岖的公路上行驶，丁丁别提心里有多美了。他一边欣赏着窗外的风景，一边听着MP3，很是惬意。不过，他老是觉得有人在看自己，等自己回过头来，那目光就避开了，丁丁仔细观察了一下，发现是一位年纪与自己差不多大的女孩子，梳着麻花辫，穿着朴素，显得十分乖巧。丁丁觉得有点眼熟，但又想不起来她是谁了，但见她忽闪的大眼睛老是盯着自己，不禁觉得有点脸红，连忙把视线移向窗外，身后传来那女孩"咯咯"的笑声，丁丁显得更窘迫了。

到村口了，丁丁故意落在后面下车，谁知他一下车，那女孩就迎了过来："你是丁辉吧？"丁辉是丁丁的大名，平时大家都习惯叫他丁丁，他一愣，没有想到女孩知道他的名字。女孩忍俊不禁："怎么？去城里就不认识我了，我是小菲啊，就住在你爷爷家隔壁。"丁丁想起来了："哦，还真是你，我都差点没有认出你来，变化真大。"小菲笑了笑："你变化也很大，但我可一眼就认出你来了，你上学还好吧……"一路上，两人闲聊了起来。

到了爷爷家,丁丁显得有点羞涩说:"要不,进去坐坐吧。"小菲摇了摇头答道:"妈妈等着我回去吃饭呢。"说完,就走了。丁丁一下子想起了所有的事情,小时候丁丁在爷爷家住,经常和小菲去河边捉鱼、游泳,累了就和小菲睡在沙滩上,那时候他们俩整天形影不离,还经常被大人们拿来取笑。丁丁想起那些美好的回忆,不禁笑了起来,想想现在的自己,连和小菲多说一句话都脸红,更别说一起出去玩了。刚才一路上,都是小菲一个劲儿地问,丁丁只简单地回答几句,说话的时候也不好意思看小菲的脸。

丁丁突然发现,不知道从什么时候开始,自己对女生的感觉已经不同了。小时候,把小菲当作自己的玩伴,可现在他看见小菲就觉得有点拘紧。他感到不解,也觉得不可思议。

送给青春期男孩的话

当进入了青春期,你会发现在自己身上发生了很大的变化,这样的变化不仅是来自身体的,更多的是来自内心深处的。曾几何时,遇见隔壁家一起长大的女孩,也会羞涩地不知如何面对;曾几何时,见到了年纪差不多大的女孩子,会相对无言,局促不安。其实,这就是青春期男孩的心理变化,对待女孩子的感觉与小时候完全不一样了。

童年的时候,男孩们只把小女孩当作一个玩伴,一起打闹,一起上学,一起玩过家家。虽然，那时候什么都不懂的，会模仿大人做一些看来很好玩的事情。

当青春期扇动着翅膀来到了你们身边，你们会发现小时候瘦小的伙伴已经出落成亭亭玉立的女孩了，你们的下巴也开始冒出了胡子，那都是成长的痕迹，也给你们的心理带来一些冲击。你们通过学习一些生理方面的知识，已经认识到了两性之间的区别和两性之间的关系。所以，当再见到那些往日关系亲密的女孩，你会脸红，你会口拙，心会不由自主地跳。其实，这都是青春期的正常心理反应，也是你们处于这个年龄不得不面对的心理变化。

那么，如何来面对这样突如其来的心理变化呢？在日常交往中，怎样保持与异性之间的关系呢？这就需要你不断地告诉自己，这是正常的心理现象，不要羞愧，要以一种坦然的心境与异性交往，和她们成为好朋友，可以互相交流学习方面的情况，也可以互相交流感情。一定要把握好与异性交往的原则，那就是大方自然，不要表现得扭扭捏捏，局促不安。

青春期是一段美好的时期，需要你自己好好把握。虽然青春期的心理变化会给你们带来一些困扰，但这都是暂时的，而且也是需要你们自己认真面对的。当你们成了真正的男子汉，相信这一段美好的时光也会成为你们最珍贵的回忆。

如何与女孩子相处

青春期成长事件：舅舅的建议

丁丁到了姥姥家的第二天，还没有起床，妈妈就打电话来催着说："丁丁啊，赶快把作业做完啊，我跟你舅舅说好了，把作业写完了之后再去玩，到时候要给舅舅检查的，妈妈希望你不要偷懒哦。"眼睛还处于微闭状态的丁丁，没等妈妈说完就挂了电话，嘴里直嘟囔："我都还没有喘过气来呢，就催我写作业了。"这时，舅舅已经上楼来了。最后，丁丁只好哭丧着脸，坐在院子里开始写作业。

他正在做数学作业，旁边突然传来一个声音："哎，你的数学真好，这么难的题都找到了解题方法，真佩服你呀！"丁丁一回头，差点碰到小菲的脸，看着那双忽闪忽闪的大眼睛，丁丁的心跳漏掉了一拍。小菲毫无顾忌地坐下来，看着丁丁写作业，丁丁心里一慌乱，不小心就把题给解错了，小菲好心地指出来："你这里好像不对，再检查检查。"丁丁觉得有点伤自尊，没好气地说："你不坐在这里，我能写错吗？"小菲一愣，一言不发地走开了，只留下丁丁一个人呆坐在那里。

一会儿，舅舅出来了，向丁丁问道："刚才小菲不是在这里吗？怎么走了？"丁丁一脸紧张："我也不知道她怎么就走了。"舅舅一边干活一边说道："小菲成绩很好呢，尤其英语每次都考全班第一，就是数学差了点，她昨天还问你的数学怎么样呢？我还向她提议：她给你补补英语，你给她讲讲数学。我觉得这样挺好的，丁丁，你觉得呢？"听了舅舅的话，丁丁才明白刚才小菲过来的目的，心里觉得自己刚才太失礼了。

于是，他放下笔，来到了小菲家，正看见小菲在那里认真地写作业。看见丁丁来了，小菲放下笔微笑着，丁丁有点不好意思地说："对不起，刚才我说话太不客气了，听舅舅说，我可以向你请教英语方面的问题。"小菲点点头："我也想向你请教数学方面的问题，我们正好可以互相帮助。"丁丁点点头，两人一起笑了。

送给青春期男孩的话

进入青春期的男孩子，性生理上的急剧变化，引起了其心理上的一系列微妙而复杂的反应。男孩子在与异性相处时，会因为心理上的不适应而使双方的关系变得疏远，甚至给异性造成心理上的伤害。其实，青春期的男孩子需要端正与异性交往的心态，因为异性之间互相吸引、互相交往可以获得一种愉悦的情绪。这种情绪是良好的、积极的，并不需要回避。同时，它还会对你的身体健康有很大的帮助，对你的整个心理活动也有正面影响，可以激发你的潜力，使你更加奋发向上。

那么，在实际交往中，青春期男孩如何正确地与异性相处呢？

1. 取长补短，丰富自我个性

当进入青春期以后，由于性激素的分泌，第二性征出现了，这使青春期男孩的身体外形及体内功能发生了很大的变化。这样的变化会促使男孩子们的性别角色认知的发展。所以在青春期，男孩子与女孩子之间在心理上的差异比较明显，一般来说，男孩子比较勇敢坚强、果断机智，而女孩子则显得文静怯弱、感情细腻。因而，在这一时期，男孩子与女孩子之间是互相吸引的，应该大方、自然地与异性交往，还可以发现对方的优点与自己的缺点，以便互相学习、取长补短，丰富并完善自己的个性。

2. 互相帮助，互相学习

一般来说，男孩子在思维方法上偏重于抽象化，概括能力较强；女孩子在思维方法上多倾向于形象化，观察细致，富有想象力。如果男女生在一起学习，就有可能互相启发，拓宽思路，活跃思维，也能启迪思想，共同进步。

3. 提高自我评价能力

青春期的男孩子都会很留心班上女孩子的一举一动，他们喜欢对女孩子品头论足，同时也很重视异性同学对自己的评价。如果哪位男同学在寝室很懒散，衣服也不洗，大家把这样的事告诉了女孩子，男孩子就觉得自己很没有面子，很受伤，甚至觉得懒散的自己再也不会受到女孩子的欢迎了。其实，当男女生在评价对方的同时，也一定会注意规范自己、塑造自己、完善自己，从而在评价别人中学会评价自己，使自我评价的能力得到提高。

4. 不断地激励自己

处于青春期的男孩子都渴望引起异性的关注，希望自己以某些特点或特长吸引异性的青睐。有的男生吃饭总是狼吞虎咽，但如果有女生在场，他就会收敛自己的行为，懂得谦让，显露出君子的风度。有这样一种异性效应，男孩子会不断地激励自己，成绩逐渐提高，谈吐也开始文雅起来了，举止也会潇洒起来，还会特别注意自己穿着的整洁。

第四章 青春悸动，了解一些与女孩有关的生理知识

如何处理女孩子写的情书

青春期成长事件：一张粉红色信纸

国庆节很快就结束了，丁丁从爷爷家回到了自己家里，和爸爸妈妈坐在一起吃饭，他心里充满了幸福。晚上，妈妈从衣橱里拿出一件新衣服，丁丁看见那是自己喜欢了很久的T恤，于是激动地抱了抱妈妈。丁丁迫不及待地穿上了新衣服，看着镜子里的自己，丁丁发现原来自己也很帅气。

第二天早上，丁丁穿着新衣服，神气地走在校园里，果然引来了好多女生的注意。特别是国庆节期间丁丁在爷爷家，天天晒太阳，本来白嫩的皮肤有点微黑，看起来成熟了许多。就连丽丽都忍不住说："哟，丁丁，七天不见，你变帅了啊。"丁丁腼腆地笑了笑，不时地偷望着四周的女孩，发现她们都看着自己，丁丁不禁骄傲起来，心里简直是乐开了花。

下午上完了体育课，丁丁满头大汗地跑到教室，急忙把抽屉里的一瓶水拿出来，直往嘴里灌。他坐在座位上，发现地上有一张粉红色信纸，好像是刚才自己拿瓶子的时候掉出来的。他好奇地捡起来，慢慢打开信纸，看到里面写着："丁丁，我犹豫了好久，还是决定给你写这封信……你不要猜测我是谁，我只是一个默默喜欢你的女孩子，我很普通，普通到你可以忽略不计……希望你每天都那么快乐。"看完信的丁丁，觉得血液上涌，连忙把信塞进抽屉里，又拿着瓶子喝了几口水，心里很慌乱。

过了一会儿，平静下来的丁丁开始猜测这到底是谁写的呢？看这娟秀的字迹，自己好像很熟悉，但又想不起来是谁。这时候，同学们陆续进了教室，看着一张张熟悉的面孔，丁丁茫然了。突然，进来的阿美看了丁丁一眼。阿美是个平时不怎么说话的女孩子，但是长得很文静，也很漂亮，写得一手好字。丁丁渐渐回忆起上次收练习本的时候，自己还夸阿美的字写得很好呢。原来是她，丁丁心里一阵慌乱，不知道该如何是好。

送给青春期男孩的话

男孩子，当你收到了一张粉红色的信纸，信纸上娟秀的字迹，字里行间真情的告白，以及弥漫在信纸上的暧昧，这些都显示了这不是一封普通的信，而是一封情书。相信此刻，你的心里充满了惊讶、欢喜、不安，甚至更多的是慌乱，不知道该怎么办才好。

其实，作为父母如果知道你收到了一封情书，肯定会为此感到由衷的欣慰。这说明孩子长大了，也有女孩子喜欢了，孩子具有吸引力了。所以不要感到窘迫，也不要感到不安，应该感到骄傲。

也许，在惊喜之后就是不安了，你该如何处理这封信呢？不管写信给你的女孩子是不是你心仪的，都需要以一种认真的态度处理。如果你觉得这样的信是很可笑的，也不要交给老师，不要拿给其他男同学看，更不要当着全班同学的面朗读这封信，这样会让对方感到难堪。因为，女孩子只希望你一个人能读这封信，她对你的喜欢并不想让其他人知道，你必须尊重别人，尤其是一个喜欢你的女孩子。你可以把这封信放在一个地方珍藏，作为一种美好的回忆。

情书，在青春期，是男孩与女孩之间表达爱慕之情的书信，每个处于青春期的男女生都会懵懂地想写情书，这是情理所在，无可非议，但青春期是学习的最佳时期，最好还是以学业为重。如果收到了情书，但你不想回应，不妨按以下的方法处理：一是装作若无其事，也许她写信只是一时的冲动。假如你急于回信，会给对方一种错觉，会认为你也有意，可能会继续给你写信。所以，你不妨装作不知道，与她正常交往，既不过分疏远和回避，也不过分热情和亲近，要落落大方、泰然自若。二是直接向她表明自己的态度，婉言拒绝对方。但也要向对方保证，自己一定会保守这个秘密，并且两个人还是好朋友。三是将信件还给对方，同时告诫对方，不要再写，否则就会告诉家长或老师。总而言之，你拒绝的态度要坚决，用恰当的方式，语气要温和。你还可以向心理咨询师或心理辅导老师求助，让他们为你想一个解决的办法。

在收到情书的时候，你并不是不想说"不"，而是不会说"不"。所以，需要用恰当的方式，灵活地处理，使你们之间的关系回归到正常的同学关系。

喜欢上一个人怎么办

青春期成长事件：我的初恋

今天丁丁上学快走到校门口的时候，他低着头想着心事，完全没有看见侧面走过来一个女孩子，突然一叠书本掉到了地上。丁丁慌忙蹲下去帮忙捡书，嘴里直道歉："对不起，对不起……""没关系。"耳边传来一个悦耳的声音，丁丁把书本整理好了，抬头看见一张美丽的脸，心跳仿佛快了一拍。女孩接过书，露出笑容谢道："谢谢你啊，我是高一年级的尹薇，你呢？"丁丁显得很不好意思答道："我是高一一班的，我叫丁辉。"两人说笑着，一起进了校门。

到了教室的丁丁，还沉浸在刚才的喜悦之中，那张美丽而又精致的脸总是浮现在自己的脑海里，不断地向自己微笑，丁丁心里满是甜蜜。这时候，坤坤来到了丁丁身边，在他耳边说："丁丁，你知道吗？听说二班新转来一个女孩，好漂亮的，刚才整个年级的人都在看她呢。走，我们也去看看。"原本想拒绝的丁丁，硬是被坤坤拖着出了教室，来到隔壁班的门口，正看见尹薇站在讲台前同下面的同学说着什么。几个男生挤在门口，坤坤指着尹薇向丁丁说："就是她，看见没有，漂亮吧。"丁丁发现，原来尹薇就是早上碰见的女生，心里既高兴又惊喜。后来，丁丁每次下课都会借故去卫生间，经过二班教室的时候，总忍不住向里面瞟上几眼；在做课间操的时候，视线也会不由自主地向二班移去；下午放学的时候，丁丁也会故意磨磨蹭蹭地收拾书本，等着能和尹薇道一声再见。

就这样过了几个星期，丁丁觉得自己脑海中满是尹薇的影子，有时候晚上还会做梦梦见她。之后几天，丁丁一直都没有看见尹薇，向二班的同学打听才知道原来尹薇生病了。丁丁心里很是着急，这些天心情很郁闷，脾气也很大，晚上还失眠。丁丁心里想着：可能自己真的喜欢上尹薇了，怎么办呢？

送给青春期男孩的话

每个男孩子步入青春期后，都会产生一种青春的悸动，会关注某个异性的一举一动，也会有自己心仪的异性。在面对自己所喜欢的女孩子时，他们显得口拙，但心里却有一种满足感。他们恨不得每天都能见到对方，到处打听关于对方的一切消息，包括她所喜欢的电影、书籍、活动，而自己会故意制造一些"邂逅"，只为了跟她说上一句话。其实，孩子，当你在青春期有自己喜欢的女孩子时，这是很正常的现象，也是父母能理解、值得骄傲的事情。你有这样的心情，说明你已经长大了，懂得如何去喜欢一个人了。

但是，孩子，你也需要思考，你到底喜欢对方哪一方面呢？是漂亮的外表，还是甜美的笑容？是活泼的个性，还是善良的心灵？是优雅的举止，还是优异的成绩？如果你仅仅是因为对方的外表而喜欢她，那说明你这样的喜欢只是一种好感，而不是真正的喜欢。处于青春期的你对于异性有一种好奇的心理，所以对女生萌发出懵懂的情愫，这是理所当然的。但是你要知道，真正的喜欢并不是因为对方的外表，而是源于一种内心的吸引，或许是她的善良，或许是她的乖巧，或许是她的朴实。喜欢一个人就要接受她的全部优点和缺点。当你喜欢的女孩子无意间在你面前做出了失礼的动作，而你对她的好感就会大打折扣，甚至觉得她是个行为粗鲁的女孩，这就说明你的喜欢还只是一种好感。青春期的你们，有喜欢的心理是正常的，但是这样的喜欢需要自己去克制，因为你们都在不断地成长、不断地蜕变，还有更美好的前途等着你们，在这个时期恋爱，只会影响你们的学习，所以要拒绝早恋行为的发生。

有时候，你可能无法克制自己的情感，那么你不妨换一种方式，大方自然地和她相处，与她成为朋友。在学习上互相帮助，在生活上互相关心，甚至你可以带着她和父母一起吃顿饭，让父母理解你们之间的友谊。等到你们过了这段美好的年龄，也许心里的想法已经有所改变，那时候你们已经是交情甚好的朋友了。如果你比较羞涩，那么不妨把这种美好的感觉藏在心里，把喜欢转换成一种动力，好好学习，女孩子不喜欢那种学习成绩糟糕的男生。等到你有了优异的成绩，拿到了大学通知书时，再把这份埋藏在心底的感情告诉对方，到那时候，无论情况如何，父母都会给予你最好的祝福。孩子，青春期是美好的，但是更加美好的前途在等着你们，所以不要等待，赶快向未来冲刺吧！

第四章 青春悸动，了解一些与女孩有关的生理知识

同学们总是议论我和那个"她"

青春期成长事件：流言飞语

丁丁在父母的建议下，与尹薇成了好朋友，经常一起聊天，一起写作业，一起玩耍，他们把这份美好的感觉埋藏在了心底，等着自己长大以后再更好地处理。然而他们之间这样亲密的关系也被许多同学看在了眼里。特别是那些心仪尹薇的男孩子，好几次都把丁丁堵在门口，警告他离尹薇远一点。丁丁只好告诉了老师，这件事情才总算平息了下来。

一天放学之后，丁丁正准备收拾东西回家，这时候尹薇急急忙忙来到他的教室，拿出一个练习本说："丁丁，你快给我讲讲这道题，我怕回家之后做不对，你先给我讲讲。"丁丁放下手中的书包，坐在座位上看起题来，尹薇趴在桌子上，两人的姿势看起来很亲密。丁丁沉思了一会儿，开始给尹薇讲起了题目。这时候，小胖走进来了，看见这样的情况连忙走开了，丁丁也没有在意。

第二天，丁丁走进教室还没有来得及坐下，就听见小胖怪里怪气地说："哟，班草来了，隔壁的班花呢？"丁丁没有理睬他，大家说得更起劲了，旁边的丽丽指了指黑板，丁丁向黑板看去，不知道谁在黑板上用大字写着：丁丁和尹薇热恋了。丁丁气冲冲地跑向讲台，把黑板上的字迹擦干净。丁丁大声问道："这是谁写的？"教室里一片寂静，正在大家僵持不下的时候，老师进来了，把丁丁喊到了办公室，教室里又开始议论纷纷了。

送给青春期男孩的话

或许正处于青春期的你也有这样的困惑：明明和异性是纯洁的朋友关系，但总是被同学们误会，导致流言到处飞，如果传到班主任的耳朵里，还会被其请到办公室进行思想教育，甚至会被勒令请家长。尽管在自己的内心深处，一直与异性之间保持着正常的朋友关系，但是还会有漫天的流言飞语，以及别人的指指点点，这总是令人苦恼的，自己的私生活受到了干扰。

其实，面对这样的情况，需要冷静处理，千万不能因为冲动而做出一些粗鲁的行为。流言并不可怕，只是看你怎么去处理它，最好的办法就是置之不理。不要解释，因为解释就等于掩饰，在同学们眼里，你的解释无疑是此地无银三百两；也不要生气，面对同学们的议论，不要理睬，你一生气会让事情变得更加不可收拾。你只需要做好自己的事情就可以了，不要有意疏远流言中另一方的女孩子，如果你们是纯粹的好朋友，就不必要为了流言而断绝你们之间的关系。总而言之，做好自己的事情就行了，日子久了，流言会不攻自破，大家也会慢慢淡忘这件事情，你也不必为此而感到困扰了。

另外，你需要正确与异性相处，正所谓"无风不起浪"，出现这些流言也肯定是因为你们之间出现了一些令人误会的亲密动作，或是做出了超越正常同学关系的举动。因此，你应该反省自己与异性相处时，是否做出了过于亲密或是不当的举动。比如丁丁和尹薇两个人单独在教室里，而姿势又很亲密，这些都会引起同学们的无端猜测。所以，在与异性同学互相讨论学习方面的问题时，可以找一个公共的场合，大方自然地进行谈话，让身边的同学为你们作证，这是纯洁的友谊。你也可以邀请其他的同学加入你们的讨论，一起聊天，一起学习，一起进步。

　　其实，异性同学之间也是有纯洁的友谊的，你可以试图告诉你的同学们，不要因为谁与谁亲近了，就表示他们之间有着某种关系。另外，即便是班上谁与谁关系比较亲密，你也不要跟着同学们起哄，而要学会理解他们。因为，正处于青春期的你们，心灵是脆弱的，流言的肆虐只会影响你们的学习和生活，甚至影响你们的未来。所以，学会冷静地面对流言，它就自然不会有那么可怕了。流言是很奇怪的东西，你越在意它，它就越有劲；如果你不理睬它，它就会自己消失。

青春期女孩身体发育过程是怎样的

青春期成长事件：那一道美丽的风景线

这些天天气有点热，同学们经常是里面套件短袖，外面再套件外套，这样在有太阳的时候，就可以脱下外套自由地活动了。丁丁在那次流言事件之后，就显得比较小心了，即便是与丽丽，也会保持一定的距离。这天上午课是体育课，上周体育老师就通知这节课要测验800米。在上体育课之前，一些女生在教室里抱怨"跑步我最不行了，这次糟糕了""是啊，今天里面还穿的紧身衣服，跑步看起来太那个了""哎，真希望马上下雨，那我们就不用跑步了"……丁丁虽然不明白为什么里面穿了紧身衣就影响跑步，但他还是缄默不语，一个人走出了教室。

到上课的时候，太阳还是明晃晃地照着大地，一点都没有退缩的意思，同学们显得没精打采的。体育老师开始宣布测试了，首先是女孩，男孩子们就在树荫下休息，有的精力充沛地去操场打球去了。丁丁和坤坤一起坐在阴凉的地方，一边闲聊着，一边看着那些奔跑的女孩。这时，班上最漂亮的女孩子跑过来了，轻盈的脚步、细长的腿，还有微微隆起的胸脯以及轻轻的喘息声，这都让丁丁和坤坤感觉到一种说不出的美丽。丁丁叹气道："女生因为美丽的曲线而动人,我们呢?哪里都没有动人的地方。"坤坤安慰道:"哪里,我们有着男子汉般的气质,那就是最打动人的,你没有听说美丽女人都喜欢这样的男人嘛。"正在这时,丽丽跑过来了,平时丽丽都习惯穿着宽松的外套,看不出身材的变化,现在只穿着里面贴身的T恤,看起来也是曲线分明。丁丁有些不相信地摇摇头:"以前没有仔细观察,我们班的女生都是女大十八变啊,越变越漂亮了。"坤坤点点头:"就是啊,不知不觉之间,在她们身上发生了好多变化,可能这就是青春期的发育吧。""嗯。"丁丁看着不断奔跑的女生,觉得那真是一道美丽的风景。

送给青春期男孩的话

也许你一直在注意着自己的身体变化,却忽视了身边那些越来越美丽的身影。其实,当你处于青春期的时候,那些女孩子的身体也在发生着奇妙的变化。俗话说:"女大十八变,越变越好看。"不知道你发现没有,在你身边的女同学,个子在慢慢长高,声音也开始变得尖锐,小小的胸脯开始鼓起,这一切都在彰显着她们已经逐渐长大了,开始释放出女性特有的魅力。

那么,同处于美丽的青春期,女孩子的身体是怎样发育的呢?

1. 身高、声音的变化

当你还在为旧的裤子已经太短不能穿而高兴的时候,其实女孩子也在发生着身高的变化。处于青春期的女孩子,她们的身高、体重迅速增长,青春期女孩每年身高平均可增长9厘米,体重增加8~9千克。从正常生理发育角度来讲,女生在身高方面的发育会稍早于男生,所以,才会有男生比女生个子还矮的情况。

青春期男孩子会长出喉结,开始进入变声期,声音变得沉稳。而这时候,女孩在青春期喉结方面虽没有明显的外观变化,但喉结内一样有明显变化,那就是声带增长变窄,因而发音频率高,声调也随之变得高而尖细。

2. 女性月经初潮

青春期男孩子会有"遗精"这样的生理现象,而女生也会有生理上相应的变化,那就是"月经初潮"。女生性成熟最明显的表现就是月经来潮,月经初潮是女性青春期到来的信号,初潮的出现多半在身高增长速度下降后的半年到一年期间。女子在月经初潮后体重明显增加,形体逐渐丰满,它使女生的身体进一步成长发育,也使她们在心理上增强女性感和成人感。在月经期间,由于内分泌的变化,往往产生情绪激动、感情脆弱、脾气急躁、容易疲劳、体力和智力减退等状况。

3. 第二性征的出现

第二性征是发育的外部表现。比如男孩子会喉结增大,声音变粗,阴毛和胡子长出,而这样的情况体现在女生身上则是:骨盆增大、臀部变圆、乳房逐渐丰满等。第二性征的发育过程,前后需四年左右的时间。第二性征的出现使你们逐渐感到自己已经成为大小伙子和大姑娘,不再是小孩子了,由此增强了成人感和性别角色的体验,个性心理的发展也更加迅速。

所以,当你读完了上述内容之后,会明白女孩子为什么会在青春期越变越漂亮。

女孩子的隐私部位是怎样的

青春期成长事件：一张画报

这天，丁丁无聊之余就与坤坤来到了他们的寝室。丁丁很久没有来了，他们寝室的装饰也发生了很大的变化。男孩子们开始把一些明星的画报挂上了墙壁，几乎每个人都贴了画报，看得丁丁眼花缭乱。正在他看着明星的画报时，小胖兴冲冲地跑进来，一副神秘的样子。丁丁看着小胖那兴奋的样子便打趣地说："怎么啦，捡到宝贝啦？"小胖一边喘气一边高兴地说："这比捡到宝贝还高兴哩。"在一边看书的罗小松有些不耐烦地问："到底怎么啦，快拿出来看看。"小胖小心地拿出藏在怀里的东西，丁丁一眼就看出那是一张画报，小胖一边打开一边解释："知道我们经常去买画报的那家吗？最近来了许多性感明星的照片，我这张可是最性感的，你们看了可别流鼻血哦。"丁丁凑近去，只觉一阵热血涌上头皮，原来那是一张著名影星的画报，女明星没有穿衣服，双手怀抱着胸部，隐隐透出丰满的乳房，下身的私密处被玫瑰花遮住，整张画显得性感而迷人，几个男生不禁看呆了。

坤坤喃喃地说了一句："真不知道玫瑰花下面是什么样子？"

这话一说,大家都清醒过来,罗小松用手拍了拍坤坤的头:"小孩子,别学坏了。"坤坤不好意思地低下头,丁丁想着自己刚才也有同样的想法,觉得太羞愧了,转过头看墙上的画报去了。他虽然眼睛看着墙上的画报,心里却还是想着刚才那张画报,他想起自己在生物书上看到的阴唇、卵巢等字眼,心里就一阵慌乱。

送给青春期男孩的话

当男孩步入青春期后,不仅对自己的身体充满疑惑,也想了解一下女孩子的身体构成。下面,我们就介绍一下女孩的生殖器官。

1. 女性内生殖器官

女性内生殖器由卵巢、输卵管、子宫及阴道四部分组成。

(1)卵巢

卵巢的形状是卵圆形,左右各一,位于盆腔内子宫的两侧,对扁椭圆形结构。它的功能是产生成熟的卵子和分泌女性激素(雌激素和孕激素)。雌激素能促进女性生殖器官的生长发育和第二性征的出现;孕激素,也被称为称黄体酮,它能促进子宫内膜的生长,从而保证受精卵的植入和维持妊娠。

(2)输卵管

输卵管就是连于子宫底两侧用于输送卵子进入子宫的弯曲管道,长10～12厘米,管的末端开口于腹膜腔,开口的游离缘有许多指状凸起,称为输卵管伞,覆盖于卵巢表面。近子宫端较细部分称为峡部,外侧扩大部分称为壶腹部。输卵管管壁由黏膜、肌层及外膜3层组成。黏膜上皮为单层柱状纤毛上皮，纤毛具有摆动功能，肌层的蠕动及纤毛的摆动有助于受精卵进入子宫腔内。

（3）子宫

子宫位于骨盆腔内，在膀胱与直肠之间，形状似倒置的梨子，前后略扁。上端宽大，高出于输卵管内口的部分称子宫底，中间膨大部分为子宫体，下端变细呈圆柱形为子宫颈，其末端突入阴道内。子宫体与子宫颈之间稍细部叫子宫峡部，子宫体内有一个三角形腔隙，称子宫腔，腔的上部与输卵管相通，下部与子宫颈管相通。

（4）阴道

阴道为肌性管道，长6～8厘米。阴道前壁紧贴膀胱和尿道，后壁与直肠相邻。阴道上端包绕子宫颈的下部，二者间形成环形凹陷叫阴道穹窿。阴道后穹窿较深。阴道下部开口于阴道前庭，阴道为性交器官及月经血排出与胎儿娩出的通道。

2.女性外生殖器

女性外生殖器是由阴唇、阴蒂及阴道前庭组成。

女性外阴最外侧的皮肤形成一对皱襞，为大阴唇。大阴唇内侧有一对小阴唇，两侧小阴唇之间的凹陷部分，叫阴道前庭。阴道前庭的前半部有尿道开口，后半部有阴道开口。

另外，阴阜在耻骨联合前方，此处具有丰富的皮下脂肪，到性成熟期常有阴毛；阴蒂在阴道前庭的前端，两侧小阴唇之间，是一种海绵体组织，具有丰富的神经末梢。

第五章 Chapter 5

叛逆青春，不要让心理问题影响你

青春期来临，随着身体上的变化，男孩逐渐出现了种种困扰自己的心理问题——上课的时候经常会精神不集中，脾气也变得暴躁起来，动不动就向父母发火。另外，自己似乎更渴望来自异性的关注。女孩子都喜欢那些看起来坏坏的男孩？自己也想做一个有个性的男子汉，这样才招女生喜欢。为什么到了青春期，总是有这么多的雨季烦恼呢？

好像总是无法集中精力学习

青春期成长事件：学习成绩下降了

丁丁最近总是感觉精神恍惚，上课的时候也是没精打采的，偶尔会盯着黑板发呆，或者一双眼睛盯着天花板。虽然他也极力想听清楚老师在讲什么，但往往听了几句话，就走神了，他也不知道是怎么回事。其实，自己心里也没有想什么，可就是觉得精神不集中。晚上也总是难以入睡，即便是睡着了，也会做梦，早上醒来的时候感觉自己没有休息好，经常在临出门前，还打着哈欠。身后传来爸爸的说话声："这孩子，怎么最近老是看起来没有精神？""是啊，是不是最近压力太大了。"妈妈一边收拾桌子，一边说道。

丁丁心里非常着急，因为这个星期五就举行月测试了，而自己的状态非常不好。有时候，为了使自己能在上课的时候集中精力，他会揪自己的大腿，这样会暂时集中精神，可过一会儿就不行了。这天，语文老师正讲着课，看见丁丁眼神四处游离，还不时地点头，就把他叫了起来："丁丁，你觉得这个说得对吗？为什么？""啊？我不知道。"丁丁被突然叫起来，显得很慌张，也不知道老师在讲什么。语文老师看见他那个样子，有些严肃地说道:"希望你上课专心点,没有几天就考试了!"丁丁松了一口气,坐下了。

很快就到了星期五,面对测试,丁丁一点准备也没有,看着卷子上那些熟悉的题目,脑海里闪过熟悉的影子,却始终想不起来它的真面目。于是,在糊里糊涂中,丁丁写完卷子就交卷了。心事重重的他回到家里,一言不发,爸爸有些担心地问道:"这次考试怎么样?"丁丁泄气地说:"很糟糕。"爸爸安慰道:"没关系,下次努力就行了,这个周末我和你妈妈准备带着你去郊游,好久没有出去玩了,你快去帮妈妈准备东西。"丁丁心里有些兴奋,把考试的事情忘得一干二净了。

原来,爸爸妈妈看见丁丁最近精神状态不好,准备好好出去玩一次,让他散散心,在大自然中找到真实的自己。

送给青春期男孩的话

在青春期,身体和生理上的不断变化会给每一个青春期男孩都带来一些心理上的困扰。于是,青春期男孩就会出现上课精神不集中、精神恍惚、无精打采,晚上失眠等症状。而这一系列的问题也会影响学习和生活,例如学习效率降低了,学习成绩也下降了等。当你出现了这样的状况时,就需要及时采取措施,否则只会让你从一个优等生变为一个差生。一些正确的措施需要父母的帮助,更需要你自身做出努力,去克制自己的心理问题,这样才会使情况得到真正的改善。

精力不集中、精神恍惚的情况是由多方面的原因引起的。青春期是人生第二个生长高峰期，在这一时期，因为身体激素的变化，人的生长发育也较为迅速。激素影响身体的同时，也会影响心理。

另外，还有可能是学习上的压力，处于青春期的你们，面临着人生的转折点，升学、考试，这些都是你们在学校不得不面对的，老师、家长也会相应地给你们一些压力，进而加重你们的心理负担。你们总是担心自己考不上学校，这样的担心日益严重起来，就变成一种焦虑心理，越担心，精神便越不能集中，成绩也开始下降，而成绩的下降使得自己的心理压力进一步加重，从而造成一种恶性循环。

针对上面这些原因，你要试着做到：与异性相处要大方自然，成为学习上的伙伴，与其建立正常的同学关系；不要浏览黄色书籍和黄色电影，这对你身心都是有害的；改掉一些不良的习惯，养成健康的生活习惯；另外可以多参加一些活动，当你在运动中大汗淋漓时，就一定会睡个好觉。

青春期所带来的心理困扰、精神困扰并没有那么可怕，你需要拿出男子汉的勇气，积极面对，争取克服心理上的压力和困扰。

心中总是一股无名火是怎么回事

青春期成长事件：最近火气比较大

丁丁最近感觉就像吃了火药一样，脾气很坏，动不动就发火。虽然有时候他想极力克制，但还是控制不住自己。这天晚上，已经快九点半了，丁丁还守着电视看，妈妈过来说了一句："丁丁，怎么还不去睡觉，明天还要上学呢，早点睡觉。"丁丁显得很不耐烦："我自己知道，看个电视也要管，真是。""哎，这孩子，越大脾气越坏……"妈妈还没有说完，爸爸就把她拉了出去，小声跟她说："他正处于青春叛逆期，不要管他，你越说他越有劲。""唉！"妈妈长长叹了口气。坐在沙发上的丁丁觉得自己刚才的话有点重，但他又不知道如何跟妈妈道歉，干脆直接关了电视，回自己房间去了。

躺在床上，丁丁想着自己近来的状况，也不知道是怎么回事。自从上了高中，老师天天说着高考、大学的事情，耳朵都听出茧子来了。每当老师说这些的时候，丁丁就觉得有股火气在身体里到处窜，旁边的丽丽不小心碰了他一下，他就脸色阴沉地说："你没有长眼睛吗？没有看见我正在写作业！"丽丽有些不好意思："对不起嘛。"丁丁看着丽丽无辜的眼神，后悔自己乱发火，他低下头整理书本来掩饰自己的情绪。每次都是这样,丁丁想着这些行为,突然觉得自己很陌生。以前的自己不是这样的,对谁说话都很有礼貌,出了名的好脾气,连爸妈都夸自己很有礼貌。可现在呢,不但对自己的同桌发火,回家了对爸妈说话也是那副样子。想着想着,困意袭来,他在床上睡着了。

第二天早上,丁丁看见正在厨房忙碌的妈妈,心里觉得很羞愧,但又不知道该做些什么,于是便一个人待在那里。这时候,爸爸走过来说:"怎么愣在这里了?赶快洗漱吃早饭吧。"丁丁低着头去了卫生间,待了好半天才出来,拿着桌子上的早餐就出门了。走出家门的丁丁显得更加羞愧,自己连跟妈妈道歉的勇气都没有,他恨不得打自己两巴掌。

送给青春期男孩的话

很多处于青春期的男孩子都缺乏耐性、脾气暴躁,对同学、老师甚至父母都有一些冒犯性的言语举动。为什么一个本来乖巧的少年会变成这样呢?许多研究人士经过研究发现,这其实是一个完全正常的生理现象,主要原因是青少年的中枢神经系统处于高速生长的阶段。比如一些11岁左右的青春期男孩子,神经还没有发育完全,所以他们在感知、情绪等方面经常会出现错误的判断。大约7年之后,也就是中枢神经系统发育完全,这时候他们才能比较准确地判断感情。

当你们还处于青春期的时候,对一些情感的判断与成年人明显不同。青春期的男孩子正处于大脑前额叶皮层发育的阶段，这时候，大量的神经连接还没有完成。而大脑前额叶皮层对孩子的感情、道德等情绪有影响，这直接导致了青春期男孩有感情判断失常、举止暴躁等行为的发生。如果你也有这样的情况，那么千万不要为此感到困扰，这是正常的生理现象，只要你们能够顺利度过这一阶段，一切就会恢复正常了。

许多男孩进入青春期以后，发现自己长大了，也发现自己变了。他会经常无缘无故地忧愁，经常容易生气，越来越不满意父母的管制，有时候为了一点点小事情就大发脾气，其实那并不是自己的本意，明明知道这些话会伤害别人，但自己就是克制不住，说过之后马上就后悔了。这样时间长了，性格越来越怪异，脾气也越来越不好了。青春期男孩们，这是你们必须经历的一个特定时期，这个时期情绪很不稳定，容易冲动，对身边的一切事情都感到困惑。其实，父母也是这样长大的，你不要太自责了，既然你能够意识到自己行为的错误，那就要学会自我克制，改变自己，尽量使自己变得心平气和，让自己顺利地度过青春期。

是不是坏坏的男孩更受女孩欢迎

青春期成长事件：坏坏的感觉

最近天气突然寒冷起来，早上起来，丁丁就穿着妈妈早已经准备好的毛衣，外面又套了一件外套。虽然感到很暖和，但丁丁看着镜子里显得臃肿的自己，就有些介意了。爸爸走过来说："怎么啦？这样穿着不错，这天气，就应该要温度不要风度。"听了爸爸的话，丁丁笑了起来，抓起书包就向学校走去。到了学校，丁丁看见隔壁班的那个男生迎面走了过来，发型也是很流行的样式，宽大的风衣里面居然只穿了一件衬衫，这身打扮是相当的潮，丁丁不禁又多看了他一眼。这时候一阵寒风吹来，那男生还是一副坦然自若的样子，丁丁赶忙捂紧了自己的衣服，朝教室走去了。到门口，看见大部分女生都在张望，望着那个渐去的身影赞叹"好帅哦""酷毙了"……丁丁看着这些女孩的样子，不禁摇了摇头：看来她们是没救了。

回到座位上的丁丁还在疑惑着，那男生就那么讨女孩子喜欢吗？和自己相比，他不过是多了一些嚣张、多了一些霸气、多了一点流氓气质。而且据丁丁所知，那男生经常逃课，学习名次常常是班上倒数几名，抽烟喝酒打架什么都干。但令人奇怪的是，偏偏有这么多女孩子喜欢他，甚至有几个女孩为了他争风吃醋。丁丁越想越不解，他拿出丽丽的镜子来，看着镜子里那张白净的脸，很普通的平头，臃肿的衣服，版型很简单的牛仔裤，一双帆布鞋，自己怎么就不被女孩子喜欢呢。

这时候，丽丽走过来了，看着丁丁拿着自己的镜子："哟，还在臭美呢？"丁丁把镜子还给丽丽，不解地问："怎么这么多女生喜欢隔壁班的那个男生？"丽丽眼神迷离地看着窗外，似乎还陶醉在梦里："因为他长得帅啊，最重要的是，给人一种坏坏的感觉，所以我们女生就为他着迷。"丁丁看着她那副样子，心里满是疑惑：难道女孩子都喜欢坏男生吗？这是为什么呢？

送给青春期男孩的话

许多处于青春期的男孩子都会有这样的感触，那就是：只要学校出现了一些怪异少年，就会引来无数女生为之疯狂。那些男孩子并不是长得很出色，只不过染了头发，穿了足够夸张的服饰，神气地叼着一支烟，永远一副冷漠的样子。再看看自己，长得也不差，为什么就是得不到女孩的青睐呢？难道最终的原因真如丁丁认为的那样，是自己不够坏吗？青春期女孩之所以喜欢坏坏的男生，是因为她们出于对异性的好奇，以及一些浪漫的幻想，总认为坏男生能够给自己带来浪漫的爱情，甚至是惊天动地的故事。

在她们看来，坏男孩懂得幽默，在任何时候，他都可以给同学们带来欢乐；

坏男孩行为举止潇洒，有时候，他们几乎不受任何约束，敢想敢为，对自己认定的事情坚持到底；坏男孩比较坦诚，对同学、父母、老师，都能够把自己的真心话说出来，不躲躲藏藏，坦率得可爱。其实，坏男孩就是更人性化了的"大孩子"，所以他常常能唤起女孩的母性和柔情，进而得到女孩的垂青。最重要的是，他们的坏，可以理解为男孩的一种桀骜不驯，一种风趣，一种涵养。在女生们看来，有个性的男孩往往是很有吸引力的。

当然，也许你一直是一个循规蹈矩的学生，乖巧懂事的男孩子，一点也不坏，所以没有受到女生的喜欢。其实，不要担心，女孩子并不都是喜欢坏男孩的，有的女孩子喜欢干净整洁的男孩，还有的女孩子欣赏学习成绩优异的男孩子……另外，作为一个青春期的男孩子，你应该有正确的认知能力，你要相信，真正懂得欣赏异性的女孩子，她会选择有正义感、善良、聪明的男孩子，而不是一个坏男孩。所以，不要为自己不够坏而担心，也不要羡慕那些坏男孩所受到的欢迎。

我要追求自己的个性

青春期成长事件：小小男子汉

这些天爸爸出差了，家里只剩下妈妈和丁丁，丁丁肩上可担负着重要的责任呢。爸爸在离开之前，特意嘱咐丁丁说："你已经是一个男子汉了，现在爸爸要出门了，你就代替爸爸，在家里照顾好妈妈。"丁丁脸色凝重地点点头，虽然家里也没有什么其他的事情，可丁丁还是觉得自己不能大意，毕竟这些年都是妈妈照顾自己，自己还没照顾过妈妈呢。

这天下午放学之后，他刚走到楼道口，就看见妈妈蹲在地上，表情很痛苦的样子，他赶忙走上去问："怎么了，妈妈？"妈妈抬头看见丁丁，忍住痛说："我提了一袋米回家，因为穿着高跟鞋，扭伤了脚，疼死我了。"丁丁看着妈妈红肿的脚踝，有些担心："要不要去下面的诊所看看？"妈妈摇摇头："不用了，家里有药水，擦一擦就可以了。"丁丁扶着妈妈进了屋，又下楼把大米扛上去了。晚上，丁丁让妈妈坐在沙发里看电视休息，他自己一个人在厨房做饭，虽然炒的菜没有妈妈做的那么美味，但妈妈还是夸奖他说："这是我吃过的最美味的晚餐，咱们的丁丁长大了。"吃过晚饭，丁丁洗了碗筷，又细心地给妈妈擦了药水，扶她上床之后,他才开始写作业。

第二天早上,没等闹钟响,丁丁就起床买早餐去了,当他拿着热腾腾的包子和豆浆回来的时候,妈妈还在睡梦中。丁丁先给妈妈单位打电话请了假,又把早餐拿到妈妈面前。等妈妈吃完早餐,丁丁把碗筷收拾得干干净净,等收拾完毕,已经快八点了。丁丁抓着书包就往学校跑去,在教室里,班主任表扬了丁丁,夸他是个懂事孝顺的好孩子,原来妈妈怕丁丁上学迟到了,就给老师打了个电话,说明了情况。

看着同学们赞许的眼神,丁丁觉得自己已经是一个男子汉了。

送给青春期男孩的话

每个青春期男孩都希望自己能成为一个有个性的男子汉,能够得到父母的赞赏,得到老师的欣赏,得到异性的喜欢。也许,不少男孩子迷惑,什么是有个性呢?是穿着打扮很时尚潮流,还是满口说着别人听不懂的话,故作深沉呢?当然这些都不是,这些只是表面的矫饰,并不是真正的有个性。真正的个性是来自心里,就像丁丁那样,在他身上体现出来的是懂事、孝顺,担当了一个男子汉的责任。当爸爸出差只剩下自己和妈妈,妈妈又扭伤了脚,这时候他就勇敢地担负起了照顾妈妈的责任。在过去的那么多年里,都是爸爸妈妈辛辛苦苦地照顾自己,而现在自己已经长大了,应该意识到自己应该尽量去照顾爸妈,这就是一个小小男子汉。

其实,做一个有个性的男子汉,并不是一件困难的事情。你可以把勇敢当作自己的个性，做任何事情都敢于承担后果，敢想敢做，你可以把智慧当作自己的个性，做事情不冲动，而是凭借着聪明的头脑，考虑周全，使每一件事都能够按自己的计划进行；你也可以把幽默当作自己的个性，用微笑面对生活，即便在遭遇挫折的时候，也能笑着面对，那就是有个性的男子汉。

　　孩子，你们已经慢慢长大了，对这个世界的认识也在逐渐加深，对于情感的判断也在逐渐清晰，也渐渐形成了自己的个性。但是，在这一重要阶段，希望你们能形成良好的个性，避免一些恶习。因为，只有良好的个性才是你们人生道路上强有力的推动力，而那些恶习则是人生道路上的阻碍。父母看着你们日渐长大，心里满是欣慰，只希望你们能多一些快乐，少一些困扰，顺利地度过这一段青涩的岁月。父母会一直陪在你们身边，直到你们长大成人，父母也希望你那稚嫩的肩膀，能在某个时候担负起一定的责任，做一个真正的男子汉。同时，也希望你能努力进取，成为一个有个性的男子汉。

能不能讲哥们儿义气

青春期成长事件：打肿脸充胖子

这天，丁丁来到教室，还没有坐下来，就被坤坤拉了出去。丁丁一边整理自己的衣服，一边问坤坤："到底什么事情啊？这么着急？"坤坤把丁丁拉到一个僻静的地方，松开手悄声问道："这个周末罗小松过生日，你去不？"丁丁听了就要往前走："我还以为什么事情呢？就这事啊，去哪里？他在家里举办生日宴会吗？"坤坤看了看丁丁说道："关键就在这里啊，不是在家里举办宴会，据说是在酒吧，他爸爸给了他几百块钱，可他担心不够，如果你要去，可得准备份子钱，听说还请了班里好几个女生呢。"丁丁一愣："哦，份子钱，没有问题啊，大概多少？"坤坤伸出一个手指，丁丁张大了嘴巴："一百？"想着自己兜里还有几十块钱，丁丁不免有些担心。坤坤点了点头："是啊，班里就我们几个人关系最好，罗小松要过生日了，我们不意思意思怎么行。"丁丁表示同意，但脸上有点难色，坤坤问道："怎么？没有钱，我可以先借给你。"丁丁马上摇了摇头："没事，我身上有呢，到时候一定去。"两人边说边向教室走去。

丁丁寻思自己兜里的钱，这还是前天向妈妈要的零用钱，才两天，不可能又向爸妈要钱吧。他想着自己存钱罐里还有些钱，只不过一直没有动过，也不知道有多少。晚上回到家，丁丁就把自己的存钱罐拿了出来，数了数，发现只有七八十元钱的样子，其余的都是零钱。想着这个星期的生活费，再节约几十元钱出来就够了，不过到时候万一自己的生活费不够怎么办，那也只好饿自己了。丁丁第二天就把钱拿给了罗小松，摸着自己兜里的20元，琢磨着怎么节约才能过到周末。

送给青春期男孩的话

正处于青春期的你们，已经渐渐意识到自己长大了，成为一个男子汉了。同时，你们的心理也会出现一些成人的迹象，那就是比较好面子，很讲哥们儿义气。这本就是成年男子才有的特点，已经逐渐在你们身上体现出来了。当朋友知道了你有弱点，你不希望他在大庭广众之下谈论它，否则你就会生气，觉得自己失去了颜面；碰到朋友需要帮忙的时候，即便自己没有足够的力量，也会毫不犹豫地答应下来。在你们看来，面子是重要的，不希望自己在朋友面前不被看好，也不希望在同学面前显得没有能力。处于青春期的你们，比较冲动，也喜欢讲哥们儿义气，这虽是一种长大的表现，但稍有不慎也会给你们带来麻烦，因为你们的判断能力还不够，认知能力也有所欠缺，如果朋友所做的是违法乱纪的事情，而你还因为义气而帮助他们，那么实际上就是你们被利用了。所以，当你的朋友希望获得你的帮助时，你需要慎重思考事件的性质，再采取相应的对策。

　　因为在很多时候，单纯、涉世不深的你们会误以为给朋友提供无限的帮助就是好事，如果自己不能提供帮助，便显得自己没有能力，在朋友面前也失去了面子。其实，这样的想法是错误的，你们年纪还小，即便是给予朋友帮助，所能提供的也是有限的，这方面你的朋友也明白，你根本不需要打肿脸充胖子。朋友之间最重要的是真诚，是坦诚相待，你是怎么样的情况，就如实告诉你的朋友。如果你的朋友的确需要帮助，那么你可以向父母求助，我们一起帮助他；如果他所做的是违法乱纪的事情，那么你应该及时正确地说服他走出来，这才是真正的帮助，而不是对他的要求一一答应。

　　当然，像丁丁这样为好哥们儿凑份子钱的行为，这在情理上是可以理解的，但是没有必要为了这件事而让自己饿肚子。丁丁可以向父母说明情况，求得父母的帮助，从而为朋友凑足份子钱；另外，如果他不是这么好面子，他也可以把真实情况告诉朋友，自己能出多少就出多少，没有必要为了好面子而让自己挨饿。另外需要说明的是，好面子、讲哥们儿义气，这对于男人之间的友谊来说，在一定程度上是需要的，但是凡事都有个限度，千万不能打肿脸充胖子。朋友之间，真诚才是最重要的，而且有时候，承认自己的能力与实力，这其实并不算丢面子，这只是一种坦诚的态度。人生漫漫长路，不需要让自己活得那么累，凡事坦诚一些，生活也会给予你最坦诚的回报。

面对挫折，一跸不振

青春期成长事件：男儿有泪不轻弹

学校准备举办高中部篮球赛，最终胜出的班级将代表学校与另外一所中学比赛。面对这样一个大好机会，每个班都在抓紧时间训练，而丁丁作为班上篮球队的主力后卫，显得比谁都热心。每天中午，他都会和罗小松召集班上的球员一起练球，共同谈论一些比赛事宜。离比赛的日子越来越近，丁丁越发显得兴奋了，甚至在睡梦中都梦见自己驰骋在篮球场上。这天，丁丁和球员们如往日一样练球，谁知他一不小心跌倒了，直接趴在了水泥地上，当时腿部流血不止，班上同学七手八脚地把他抬到了医务室。被简单包扎之后，他回到了教室，想起刚才医生的话："你这伤口虽然不大，但是这些天会影响到你的跑步，最好不要参加剧烈活动，好好休息才能康复。"出来之后，罗小松就拍拍丁丁的肩膀："好兄弟，你就好好养伤，做我们最坚实的后盾。"丁丁明白，看样子自己是不能参加比赛了。

回到家之后，面对爸妈关心的问候，丁丁没有太多的话，一个人坐在沙发上发呆。这次比赛是一个难得的机会，也是自己中学时代的最后一次比赛，因为进入高二之后，学业加重，根本没有时间去打球。所以，丁丁一直希望能正式参加一次比赛。可没想到，偏偏出了这样的事情，丁丁一下子无法接受，特别是看着操场上训练的身影里已经没有了自己，他忍不住趴在桌子上，留下了无奈的泪水。

爸爸看着伤心的丁丁，没有说话，也没有安慰，因为他相信丁丁能够凭着自己的力量从悲伤中站起来，他需要做的就是陪伴着他。第二天中午训练的时候，坤坤来到教室找丁丁，兴奋地跟他说："丁丁，跟我们一起训练吧，罗小松说你现在作为我们的教练，跟我们一起参加比赛。"丁丁有些惊讶："可我，我这样子。"坤坤安慰着说："没事，你陪着我们，我们就一定会胜利的。"于是，在坤坤的搀扶下，丁丁慢慢走向了篮球场。

送给青春期男孩的话

青春期是一个成长的阶段，也是一个男孩"破茧成蝶"的阶段，那就意味着你在这一阶段，必须一个人去承受成长过程中的烦恼与挫折，必须接受种种人生考验。这样的挫折在父母看起来是十分微小的，却成为你心中的困扰。这些困扰也许是在你非常重视的一门功课或一次比赛上，你不小心搞砸了；也许是你正急着往学校赶，但你的自行车链条却突然断了；也许是你向老师热情地打招呼，但她却对你不理不睬；也许是上课时，你积极地举手想发言，但老师总是提问别人……

这些看似微不足道的事情，时时困扰着你，甚至让你感到不知所措。就如同上文中的丁丁，他非常希望参加篮球赛，却在训练时意外受伤了，那时候他觉得无奈、无助、灰心丧气，不知道自己该怎么办。其实，挫折是人生道路上必须经历的，你只有战胜挫折，直面困难，才能健康地成长，成为一个真正的男子汉。

青春期对于每一个男孩子来说都是一个美好的时期，是一个快乐的时期，也是一个绚丽多彩的时期，更是一个充满困惑和矛盾的时期。处于青春期的男孩子，生理发育逐渐成熟，但心理上的成长却落后了，形成一个尴尬的局面。当考试失败、失意等烦恼一个接着一个地到来，很多青春期男孩都承受不了这些挫折，变得灰心丧气、意志消沉。其实，没有谁可以一帆风顺，总会碰到这样或那样的挫折。在面对这些挫折时，有的人在挫折面前选择了逃避，有的人则选择了勇敢地面对，这其实也是失败者与成功者的区别所在。

孩子，父母希望你成为一个成功者，所以希望你在遇到挫折的时候能够勇敢面对，这时候，逃避、妥协都不是办法，但只有勇敢面对，才能找到解决问题的方法，才能更好地成长。也许，这样的过程是痛苦的，但是只要勇敢，只要有毅力，你就可以渡过难关。必要的时候，你可以向父母寻求帮助，父母是你永远的后盾，陪伴着你走过青春的岁月。

我要自由,别总是管着我

青春期成长事件:和妈妈吵架了

晚上,丁丁洗完澡,拿着一条干毛巾擦头发,发现妈妈不时地看看自己,觉得有些奇怪,便问道:"妈妈,你总看着我干什么呀?"妈妈愣了一下,笑着说:"我儿子长大了,成帅小伙了,肯定有不少女孩子喜欢吧?"听了妈妈的话,丁丁不好意思地笑了。妈妈却开始认真说道:"刚才有个女孩打电话找你,我问她是谁,她就把电话挂了。"丁丁脸上有些发热,迟疑地说道:"可能是隔壁班的尹薇,她说晚上打电话向我请教数学题。"妈妈有些怀疑地看着他:"真的吗?那怎么问她是谁,她都不说呢?"丁丁有些不耐烦地说:"人家肯定是不好意思,像你这样查户口似的,肯定把人家吓坏了。总之我们就是普通朋友啦,你就不要问了。""可是……"妈妈还想说话,被爸爸制止了,一时间家里一片寂静。

第二天晚上,丁丁看着妈妈若有所思的样子,也不知道她在想什么,便收拾好东西进了自己的房间。

进了自己的房间后,丁丁觉得自己的东西被动过了,书桌上乱七八糟的,又想了想妈妈刚才那样子,觉得这肯定是她做的。

丁丁越想越生气，拿着自己的笔记本就跑到客厅，质问道："妈，你到我房间找什么东西，你是在找这个吗？拿去看吧。"丁丁把笔记本重重地摔在妈妈面前，妈妈显得有点难堪："丁丁，妈妈只是想……""想什么，想看看我的隐私，难道我连私人空间都没有吗？我也有我自己的隐私，本来好朋友被妈妈翻了笔记本，我还庆幸自己有开明的父母，可没有想到，你们也是这样的。"丁丁越说越气愤，在一边看不下去的爸爸训斥道："丁丁，你怎么能这样对妈妈说话，无论妈妈做了什么，都是为你好。"妈妈拉着爸爸的手，示意他不要说了，丁丁也回到自己的房间，把门锁上了。

早上，丁丁看着放在桌子上的笔记本，打开发现里面还夹了一张字条："丁丁，对不起，妈妈向你道歉，不应该触犯你的隐私，希望你能够健康地成长。爱你的妈妈。"丁丁心里一阵感动，自己开始反思：自己需要有一个独立的空间，不希望受到父母的干扰，但是妈妈这样做，也是担心自己，而自己却用这样的话去伤害她，真是太不应该了。

送给青春期男孩的话

当你还是一个小孩子的时候，什么事情都请示爸爸妈妈，看自己做得是否正确。可是，进入了青春期以后，这样的情况开始发生逆转了。你对自己的生活有了新的认识，对自己也有了新的发现，你开始有了自己的见解，也有了自己的审美观。当妈妈还拿着小男孩穿的衣服时，你已经开始摇头了。出现这种心理其实就是渴望独立，希望能有一个自己的空间。于是，很多孩子在自己的门上贴了纸条：没有我的允许，不能进入我的房间。父母看见这样的纸条可能会一笑了之，因为在他们眼里，你还是一个没有长大的孩子，你还需要呵护，需要细心的照顾。你正处于青春期这个比较敏感的时期，所以父母非常想知道你心中的想法，害怕你不小心就误入了歧途，时刻担心着你。许多父母正是出于这样的动机才会翻孩子的笔记本，查看孩子的通信记录，甚至严格限制孩子的自由。当你们面对父母这样的做法时，首先需要理解他们这样做是为了自己好，只是在方法上不太恰当。

另外，处于青春期的你们，逐渐有了自我认识，有了自己的思想，渴望独立，追求自己的生活方式。凡事都希望自己能够做主，并且期待自己的决定能够得到父母的同意和尊重。你这样的心理，父母也是很理解的，父母会尽可能地给你们独立的空间，不会触碰你的个人隐私，但是如果你有什么青春期的烦恼，也希望你能把父母当作知心朋友，同他们说说，毕竟他们是过来人，对于很多事情都可以给予你一些建议。

青春期是一段美好的时光，也是成长中最重要的一个阶段。父母希望你们能够健康顺利地度过青春期，也希望你们能理解父母的一片苦心，在任何时候，父母都是为了你们好，都是为了你们能健康地成长。所以，就让父母陪伴着你们走过青春的岁月吧！

第六章 Chapter 6

青春易逝，无论如何别耽误学习

青春期是人生最关键的时期，也是人生的一个重要过渡期。健康顺利地度过青春期，可以为未来奠定成功的基石。有人说青春期是花季，是雨季，同时，青春期也是一个学习的黄金时期。青春期正是身体、心理发生巨大变化的时期，也是智力积极发展的关键时期。所以，只要充分利用好青春期的每一天，树立学习目标，端正学习的态度，坚持不懈，一定会走向成功。

你是在为谁学习

青春期成长事件：学习就是为了挣更多的钱吗？

这学期丁丁已经进入高二了，老师天天挂在嘴边的就是高考的事情，第一堂课就围绕着高考讲了整整45分钟。教室里寂静无声，空气中犹如有一张大网，严严实实地把教室封了起来，让同学们感觉窒息，丁丁更是觉得连呼吸一口新鲜空气都困难。班主任老师最后说了一句："我希望在座的同学能够认清学习的目的，从现在开始努力学习，为了最后一年的冲刺打好坚实的基础，两年后，我希望你们都能进入自己理想的大学。"同学们受到老师的鼓舞，不禁都精神振奋，掌声伴随着下课铃声响了起来。

丁丁茫然地趴在桌子上，旁边的丽丽说了一句："学习，学习，就是为了考大学，为了那张大学文凭，之后出来还不是挣钱。说到底，我们这么拼命学习就是为了挣钱。"丁丁没有吱声，但细想，好像真的就是这样，他也不禁有些疑惑，经常听爸妈说的一句话就是："为了自己能有一个美好的将来，你要好好学习。"难道学习真的是为了挣更多的钱吗？

晚上回到家，丁丁就拿出课本温习功课，爸爸妈妈则坐在沙发上边看电视边聊天。丁丁听见爸爸突然说："刘俊这个孩子，倒挺有能力，高中没有毕业就去了深圳，现在都成了大老板了，今天碰见他爸爸，说车子、房子都买好了，只等接他们过去团聚了。""是啊，前不久我也听说了，这孩子其实挺聪明的，学什么都快，现在可什么都不用愁了。"妈妈也附和着。刘俊是丁丁的表哥，丁丁也就好奇地插了一句："表哥没有上大学，可他也发展得不错呢，还不是一样挣钱。"爸爸笑着说："上大学并不是为了挣钱，而是为了学知识。学习可以不断地丰富你的人生，充实你的心灵。有知识的人，他的气质、修养、内涵都是不一样的。当然，只为了拿大学文凭这是一个功利性目的。""明白了。"丁丁若有所悟地点点头。

送给青春期男孩的话

刚开始上学的时候，老师说周恩来总理是"为中华之崛起而读书"，那时候你们懵懵懂懂，也许根本无法理解那句铿锵有力的话。而你们一直被这句话教育着、激励着，你们认为学习的最终目的，就是中华民族富强起来。可渐渐长大了，你们才发现每一个人的力量是有限的，学习目的就开始具体化了，比如为了考大学，为了挣钱。于是，这个你们一直迷惑的问题"为何而学习"，似乎找到了答案。孩子们学习的功利性越来越强，因此每个人的学习都显得浮躁不安。

事实上，学习的最终目的并不是挣钱，也不是获得文凭，而是完善自我，丰富心灵，充实自己的生活，装点自己的人生。学习，并不是单纯的学习，你可以通过学习学到很多做人的道理，该怎么说话，怎么与人交往，怎么取得成功，怎么解决问题。在学习的过程中，你的智力得到了开发，你的大脑得到了利用；在学习的过程中，你不断变得聪明，变得智力超群；在学习的过程中，你还能感受到学习带来的愉悦享受，精神上得到莫大的满足。所以，孩子，当你进入青春期这一黄金学习时期时，就要认清学习的目的，这样才有利于你端正自己的学习态度。

周总理在小时候就大声说出了自己是"为中华之崛起而读书"。现在我们生活在和平时代，也许这样的使命感、责任感没有那么的强烈。但是，当观看了奥运健儿在奥运会上获得金牌、所付出的努力，你就应该明白，这样的使命感、责任感、民族荣誉感一直都在。当运动健儿经过了艰辛的训练在赛场上获得了成功，当五星红旗在赛场冉冉升起，这一时刻，每一个中国人都会感到由衷的骄傲、自豪。那么，当你在学习上取得了荣誉，为班级、为学校，甚至为国家争得荣誉的时候，相信你的感觉是一样的，这就是为什么周总理的那句"为中华之崛起而读书"一直激励着我们的原因。

如果你抱着功利性的目的来学习，那只能养成浮躁的拜金主义价值观，是学不到真本领的。而且这样的学习也是不稳定的，当你发现学习不能为你谋取经济利益时，就会转向其他方面，甚至到某些时候，只要能挣到钱，不管这样的学习适不适合自己，都硬着头皮学习，结果只会使自己事倍功半。

现代社会竞争日益激烈，学习的真谛是为了提高自身的素质和能力，学习是不断解放自我，提高自我能力的过程。所以，当你还在为学习而迷惑的时候，你应该及时地修正自己的观点，认清学习的真实目的。

没有好的学习心态，怎么能学好

青春期成长事件：临时抱佛脚也可以吗？

高二来临了，班上的同学都投入了紧张的学习之中。丁丁看着周围努力学习的同学，却无法把精力全部集中到学习上来。丁丁平时的成绩不错，以前，他总是抱着边学边玩的心态，除了上课的时间认真学习，业余时间他都不看书学习，临到考试的时候，他才拿出课本复习，因为天资聪慧，几乎每次考试他都能考出好成绩。想着自己这么多年都是这样过来的，现在肯定也没有问题，于是丁丁就慢慢地松懈，把精力放在了篮球场上与玩乐上。

高二的第一次测试快到了，丁丁没有感到慌张，把课本和练习都拿出来认真地复习了一遍，胸有成竹地走进了考场。可是，在考场上看见那些陌生的题目，丁丁觉得心里发慌，这好像是老师讲过的课外知识，但自己就是想不起来解题方法。这一次考试过后，丁丁感到一种从未有过的慌乱，等到卷子发下来时，丁丁的成绩下降了十几名，年级排名也排到了一百名以后。灰心丧气的丁丁看着分数，觉得自己肯定是哪个环节出了差错。

回到家，爸爸问到考试的事情，丁丁一言不发，爸爸和蔼地说道："这次没有考好吧，这一个月我就没有看见你好好学习，听坤坤爸爸说，坤坤可是每天晚上都在学习，可你回来还是看电视，这就是学习的态度不够端正。虽然你比较聪明，但也应该知道笨鸟先飞的道理，像你这样临时抱佛脚是不行的，必须端正学习态度，一步一个脚印，踏踏实实的，才能取得好成绩。"丁丁羞愧地说："嗯，我知道了，我会端正学习态度的。"说完，丁丁一个人进了书房，拿起了课本开始学习。

送给青春期男孩的话

学习的关键不是如何努力地学习，而是能否以正确的态度对待学习。拥有一个良好的心态，才能学有所成。学习就是要真才实学，来不得半点虚假，像丁丁同学那样临时抱佛脚是不行的。也许有的学生会认为自己比较聪明，即使自己上课没有专心听讲，但在临近考试的时候，熬几个通宵，也能够取得的好成绩。但是通过这种方法取得的好成绩都是暂时的、是侥幸的，你能长久地保持这样的成绩吗？所以，正处于青春期的男孩子，你需要端正自己的学习态度，这样才会取得事半功倍的效果。

端正学习态度就是要懂得控制自己，自控能力的强与弱直接影响成败。良好的学习心态需要自己去培养，需要锻炼自己的耐力和韧性。每个人都是有惰性的，没有人喜欢枯燥的学习，但是只要能够控制好这个度，就可以平衡好学习与娱乐。

另外，无论是做人还是学习，都要有一个端正的态度，这是最关键的。只有端正了心态，才能克服学习中遇到的困难和挫折，不会因为学习的暂时失利而灰心，而这样的心态也会更加有利于学习，更容易得到父母和老师的认可。

学习时你需要脚踏实地，端正心态，积极进取，才能领悟到其真谛。心态决定成败，古人说："上善若水。"所以，从现在开始，端正自己的学习态度，让自己拥有一个丰富、精彩而又充满收获的中学生活吧。

不喜欢这门课的老师,也要认真学习

青春期成长事件:讨厌的语文老师

新学期开始,原来的语文老师被调走了,新来的语文老师是一个大约40岁的中年妇女,穿着打扮很奇怪,更让丁丁受不了的是她那一口夹杂着方言的普通话,听起来别提有多怪异了。上课,丁丁就对这位老师很不满意,他把语文书立在课桌上,里面还夹了一本漫画书,他专心看漫画,根本不理睬语文老师。正在丁丁看得津津有味的时候,语文老师从后面走过来,直接伸手取走了丁丁的漫画书,很严肃地说:"我希望在我的课上,大家不要看其他书籍,否则一律没收。这位同学,下不为例。"丁丁一阵懊悔,那可是自己最喜欢的一本漫画书,他心里觉得愤愤不平,于是更加讨厌这个老师了。

以后,每到语文课,丁丁心里就不舒服,这样一种讨厌老师的心理让他觉得语文这个科目也十分讨厌。上课的时候,老师提问,他从来不举手,即便是老师点名让他起来回答问题,他也以一句"我不知道"搪塞过去。对老师布置的作业,他从来都是草草了事,答案也是乱写,结果经常被语文老师当堂批评。语文老师的批评并没有让丁丁自我反省,而是越发激起了丁丁的逆反心理。

　　这样的情况一直持续到第一次测试。虽然丁丁也进行了比较全面的复习，但是由于近一个月都没有认真听课，没有专心做作业，所以成绩自然不理想，而且由于语文这一科成绩的失利，直接导致了排名的下降，丁丁很是苦恼。丁丁正趴在桌子上，语文课代表走过来说："丁丁，语文老师找你，她在办公室呢。"丁丁一路上都在想语文老师会怎么责骂自己。到了办公室，语文老师却一改往日严肃的面孔，和蔼地说道："丁辉，你的语文成绩一向不错，这次可能是粗心大意了吧，这本漫画书还给你，希望你能够把精力用在学习上，即便是不喜欢我这个老师，也用不着把气撒在语文这门无辜的科目上。"丁丁低下头，羞愧地接过那本漫画书。

送给青春期男孩的话

　　很多青春期男孩都会出现类似丁丁这样的情况，因为种种原因不喜欢任课老师，于是这样的一种情绪就表现在具体的学习上。上课故意捣乱，不认真听讲，老师布置的作业也马马虎虎应对，考试也故意考得很糟糕。你们认为这样的做法是对老师的报复，所以当看见老师为自己头疼的时候，心里也会产生一种快感。几乎每个人在学生时代都会遇到自己喜欢的老师和不喜欢的老师。当面对自己喜欢的老师时，就特别认真地听课；而面对不喜欢的老师，则会因讨厌老师而讨厌这门课。如果仅仅因为不喜欢老师，而造成成绩下降，荒废学业，这值得吗?

青春期是一个叛逆的时期，可能你会因为某方面的原因而不喜欢老师，甚至专门和老师作对。其实，这就是叛逆心理的一种表现，在男孩子身上表现得尤为明显。青春期的叛逆是比较正常的，关键的是需要能够克制自己的这种心理。青春期是一个人成长的关键时期，稍有不慎，就会误入歧途，所以不要给自己制造犯错误的机会，什么事情都要大度一点，心胸开阔些，即便面对不喜欢的老师，也要把功课学好，这或许也是改善你与老师的关系的一个方法。

第六章 青春易逝，无论如何别耽误学习

要有自己的个性学习方法

青春期成长事件：学习时间规划表

　　自从第一次月考成绩下降之后，丁丁端正了学习的态度，也开始投入了紧张的学习之中。他每天很早起床，拿着书本在院子里大声朗读，上课的时候认真听讲，下课后还会把老师讲过的内容温习一遍。就连中午的时候，丁丁也抓住这机会做几道习题。晚上回到家，他就一个人躲进书房，做练习，看英语书，爸爸妈妈临睡觉的时候，还看见丁丁的书房亮着灯。

　　坚持一个星期之后，丁丁觉得体力有些透支，爸爸妈妈也明显感觉丁丁瘦多了。这天吃过晚饭，丁丁拿起书包就往书房走去，爸爸喊道："先别急着去学习，先坐下休息一会儿吧。"丁丁松了口气，坐在沙发里，闭着眼睛就想睡觉。爸爸看见他那困乏的样子，心疼地说："你这些天学习起来像不要命似的，身体怎么支撑得住？丁丁，你不能盲目地学习，为了学习而学习，这样只会让自己很累，而且学习效率也不高，你没有掌握属于自己的学习方法。"丁丁疑惑地问："可我不知道什么样的方法才是自己的学习方法，我觉得只要把我所有的时间和精力花在学习上，那就可以使我的成绩有所进步。"爸爸解释道："并不是这样，好的学习方法首先是适合自己的，另外还会有相应的时间休息，这样才能保证你学习的质量。提升了学习的效率和质量，你的成绩才会有所提高，今天就别学习了，早点休息吧，慢慢在学习过程中摸索出一套适合自己的方法，这样以后的学习就能事半功倍了。"茫然的丁丁拖着疲惫的身体回房间了。

第二天，丁丁向班里几位成绩优异的同学请教了学习方法，再结合自身的特点，制定出了学习规划表。早上起床背诵英语，主要是为了熟记单词和句子；白天正常上课，按时完成作业；晚上花一个小时的时间来做数学练习；课余时间多阅读一些文学作品。这样安排是因为英语是自己的弱项，数学是自己的强项，而语文则需要再提高。当他把这样一份学习规划表拿给爸爸看时，爸爸不禁向丁丁竖起了大拇指。

送给青春期男孩的话

许多青春期男孩都有与丁丁一样的困惑，自己每天拼命学习，刻苦努力，但是没有什么效果，反倒是拖垮了身体。事实上，你要想在学习中取得优异的成绩，必须寻找出适合自己的学习方法。因为只有适合自己的学习方法，才能提高学习效率，提升学习质量，最终取得成功。很多同学都在盲目学习，整天不停地学习，但是没有取得好的效果，于是抱怨自己辛苦的付出没有回报。其实，这样的情况出现的原因就是没有好的学习方法。准确地说，没有寻找到属于自己的学习方法，因为每个人的资质不一样，学习能力不一样，所以每个人的学习方法也不一样。这就需要你在长期的学习过程中，逐渐摸索出属于自己的学习方法。

当然，学习方法并不是一朝一夕就能摸索出来的，当你们跨入校门，就慢慢接触了课堂学习，对于你们来说，学习是一个漫长而痛苦的过程。但是，这个过程也是一个逐渐探索的过程，你不断地尝试新的学习方法，不断地改进自己的学习方法，就会摸索出属于自己的一套学习方法。学习的方法有很多种，但是听课却是最基本的一种方法，如何在听课时学到更多的知识呢？下面简单地介绍一些关于听课的技巧与方法。

1.听课的准备

在听课之前，你需要做好听课的准备。通过课前预习，可以知道自己需要掌握的新知识。如果发现自己还不具备这样的知识基础，那么在听课时需要认真掌握；另外，还需要做好听课的准备工作，也就是学习工具之类的准备，如课本、笔记本以及其他所必需的学习工具。除此之外，还需要做好心理准备，调整好心态，以最佳的精神状态听课。

2.集中精神

上课的时候虽不能保证自己45分钟都聚精会神地听课，但如果有开小差的倾向的时候，要尽可能地控制自己。另外，有的同学在听课的时候，一只耳朵进一只耳朵出，这样的听课是没有效果的。听课不仅需要用耳朵去听，更要用心去记，这样才能取得良好的效果。

3.听课要有针对性

听课的针对性是指要根据自己的实际情况来安排具体的听课方法，这是听课策略的一个重要方面。因为每一个老师在讲课时不可能真正地满足班上每一个学生的学习要求，这就需要你在听课时，根据自己的实际情况，对于理解起来比较困难的部分，注意力需要特别集中，对于理解起来比较容易的部分，可以轻松一些,这样来调整自己的听课活动。

4. 正确处理听课与笔记的关系

在听课过程中,记一些笔记是很有必要的,但是也要平衡。当你把注意力分配在听课上面,笔记就难以记全;相反,当你把注意力全部集中在笔记上面,听课就会受影响。所以,正确的方法是在听课的时候,以听为主,以记为辅,注意力主要集中在听课这一方面,而记笔记,则不需要把老师的每句话都记下来,把重要内容简单地记下来,课后再根据回忆整理好笔记。

另外,在听课过程中,你还需要积极回答问题和思考问题,这样才能开发自己的大脑,也可以适当地提高自己的思维能力。在听课过程中,老师都会讲解一些方法,帮助你理解问题、分析问题。

考试失利，并不意味着就是失败

青春期成长事件：失败是成功之母

第一次月考之后，丁丁陷入了失败的痛苦之中，虽然爸爸安慰了自己，但还是不能抚平自己心中那种失望、难过的情绪。以前，无论哪次考试，丁丁虽然不能名列前茅，但成绩都一直在前10名，但这次竟然落到了30名以外。这样的现实，丁丁一时接受不了，而且考试成绩公布出来之后，他发现自己的好朋友坤坤从以前的20名左右跃进到了前10名，这更让丁丁觉得自己退步了。班主任老师找丁丁谈话："丁丁，我一直看好你呢，希望你努力进入前5名，到时候进重点大学肯定是没问题的，可你这次怎么回事？居然滑到了30名以外，照这样下去，不但考重点大学毫无希望，连普通本科学校都成问题了。"听着老师严厉的话语，丁丁心里更是一团糟。

晚上回到家，丁丁的心仍静不下来，拿着书发呆。爸爸走进书房，看着发呆的丁丁，温和地劝慰："还在为考试失利而伤心吗？"丁丁点点头，爸爸语重心长地说道："一次考试不算什么，下次努力就是了，不是说失败是成功之母吗？"丁丁有气无力地说："我怕我再也爬不起来了，爸爸，我该怎么办？"爸爸拍了拍丁丁的肩膀说："丁丁，你一直是一个勇敢、聪明的孩子，爸爸希望你一直都是这样。这只是一次小测验，离高考还有一段时间，这一次的考试结果证明不了什么，以后的每一次测试，你都能进步一点点，那么你就离成功不远了。爸爸相信你，一定能重新考出好成绩。"听了爸爸的话，丁丁认真地想了想，事情真的是这样，爸爸又说："范仲淹不是说'不以物喜，不以己悲'吗，对任何事情都是这样，以一颗平常心对待，才能够面对人生中的失败与挫折，才能有重新站起来的勇气。"听了爸爸的话后，丁丁觉得振奋不已，马上打开书本认真地看了起来。

送给青春期男孩的话

　　正处于青春期的你们，也处于学习的一个重要时期，每天面对的是大大小小的考试，升学问题也一直困扰着你们。一旦某次考试失利，就会觉得自信心很受打击，觉得自己没有能力。那些老师描绘出来的蓝图，还有理想的大学，似乎都已经渐渐远离了自己的视线。听着老师和父母的谆谆教诲，越想越觉得自己彻底失败了，不能重新站起来了。

　　其实，考试的失败只是一件小事而已，当你长大成人，会发现生活中还有许多困难与挫折。而我们则需要学会去接受，没有一个人总是站在成功的位置，同样的道理，也没有一个人总是处于失败的境地。失败并不算坏事，你可以从失败中吸取教训，而这些足以让你重新取得成功。所以，以一颗平常心来对待考试失利，把每一次失败当作是一次尝试，不断地尝试，你才有可能成功。

　　凡事都有可能成功或失败，而我们需要做的就是保持好的心态。如果心浮气躁的话，那么在面对成功的时候，你有可能会欣喜若狂，萌发出骄傲的情绪；面对失败，你有可能灰心丧气，甚至一蹶不振。这样的心态都是不健康的，你可能会因为骄傲而狠狠地跌倒，也可能因为失败而垂头丧气。其实，对待事物最好的心态是保持一颗平常心，这样你会在成功面前保持谦虚，在失败面前依然充满信心。

劳逸结合，学好也要玩好

青春期成长事件：周末安排

这一周班上的同学都在商量着春游的事。这次活动是班主任提出的，主要是为了让同学们散散心，缓解一下考试带来的压力。大家听到这个提议，当即高举双手赞成。于是，从周一到周五，大家一下课就叽叽喳喳地讨论着去哪里。周五的时候，大家确定了去郊外的一个名胜风景区，来回正好一天。老师表示："希望同学们能够玩得开开心心，当然，也要学得痛痛快快。"可同学们早把学习抛到了九霄云外，教室里乱成了一锅粥。

周六，丁丁早上六点多就起床了，在约定的地点与班上同学会合，一起乘车去了风景区。在车上，全班同学唱起了歌，歌声飘出了车窗外，引来不少路人的注意。到了目的地，大家都兴奋地参观起来，讨论着景色，开着玩笑，享受着快乐。中午，大家在一起吃了农家饭，之后又去河边踏青。这样一天很快就过去了，在回来的路上，丁丁意犹未尽，又唱起了歌，罗小松兴奋地说："丁丁，咱们明天去打篮球怎么样？"丁丁毫不犹疑地回答："好啊。"在旁边的坤坤说了一句："可是，不还有两张卷子没有写吗？"罗小松挥挥手："怕什么，难得这么好兴致，明天说定了哈，班上篮球队的明天早上8点在学校操场集合。""耶……"同学们发出了阵阵欢呼声。

周日，丁丁和同学们打篮球，回来已经快天黑了。吃过晚饭，丁丁惦记着那两张数学卷子，连忙到书房开始学习。爸爸轻轻地推开书房的门问道："还没做完作业吗？"丁丁低头写着卷子："嗯，还有两张卷子。"爸爸一边看着他写卷子一边说："在知道有作业的情况下，应该把作业写完之后再去玩，像你这样，今天熬到深夜，又把明天的课程给耽误了，得不偿失。"丁丁羞愧地低下头，心想：这个周末玩得太疯了，爸爸说得很有道理，下次可要注意不能因玩过头了而耽误了学习。

送给青春期男孩的话

爱玩是孩子的天性，特别是处于青春期的男孩子，因为已经懂得了怎样玩才能让自己尽兴，所以在很多时候，你们会因为希望在生活中抽出更多的时间来玩耍，而把学习抛到九霄云外。其实，青春期的男孩子喜欢玩耍是可以理解的，但同时正处于青春期的你们也面临着学习的关键时期。因此，你们应协调好学与玩之间的关系。作为一个即将高考的高中生，应该把学习放在首位，那么是不是就意味着不能玩了呢？当然不是，学习固然重要，休息也很重要，不能整日埋头于学习。这时候，就需要适当的娱乐来调节你的精神状态，比如爬山、郊游、运动，这些都是健康的休闲方式。你可以在玩中放松自己，使大脑得到休息，舒解学习上的压力。酣畅淋漓地玩过之后，你会感觉到一种从未有过的轻松感，带着这种饱满的精神状态再投入学习中去，必定取得事半功倍的效果。

做任何事情都要有一个度，玩和学习也是一样的，不能玩得太疯狂，也不能没日没夜地学习。一旦超出了这个度，不是玩物丧志，就是因为学习压力太大而撑不住。聪明的男孩子都应该合理地安排自己的时间，既能学到知识，又能够痛痛快快地玩。像丁丁同学，明知道还有作业，但把周末都用来玩乐，最后只好通宵赶作业，造成星期一上课没有精神，这种顾此失彼的做法最终会影响学习的质量和效率。

对于青春期的男孩子来说，首要的任务就是学习，学习之余，可以参加一些活动，做一些运动，使自己的大脑得到休息，给自己的紧张心理放一个假。当然，这样合理、正确地安排玩与学习，是需要有一定的自控能力的。青春期男孩，常常会经受不住玩的诱惑，内心自控能力较差的同学，还会因为沉迷于游戏而不能自拔。所以，这就需要你们学会控制自己，要记住：认认真真地学，痛痛快快地玩，在学习中进步，在玩乐中放松。

努力学习，也别给自己太大压力

青春期成长事件：最近压力太大

学习步入正轨之后，丁丁逐渐摸索出了自己的一套学习方法，每天合理安排时间。就在这样忙碌的学习中，丁丁即将迎来第二次测试。第二学期由于特殊情况没有进行测试，这一次测试就被视为期中测试，老师和学校都很重视这次测试。而小胖不知从哪里打听来了小道消息，据说这次测试的成绩会作为分班的标准，分班就是分为尖子班和平行班。听到这个消息后，同学们都非常重视这次考试，尤其是丁丁，因为上次考试的失利，一直有个阴影在心里，虽然经过了这段时间的学习，但是丁丁害怕自己的成绩不能恢复到以前的水平，如果是这样，那么自己有可能被分到平行班。这样的担心日益加重，丁丁甚至开始怀疑自己的学习方法是否可行了。

于是，丁丁抓紧了时间，学习的劲头似乎又回到了最初的状态，不让自己有一点休息时间，晚上看书看到深夜。早上，爸爸看着丁丁的黑眼圈，心疼地说道："最近学习这么紧张吗？看你都有黑眼圈了，学习再紧张，也要注意休息，身体才是革命的本钱。"丁丁哈欠连连，没有说话。由于晚上学习得太晚，白天上课也没有什么精神，丁丁发觉自己的学习效率有所下降，又开始担心自己的学习了。爸爸似乎看出了丁丁的压力，这天晚饭后，爸爸提议一起去散步。一路上，爸爸并没有说任何关于学习的事情，而是聊些童年往事，也聊了丁丁小时候的趣事。

等到回来的时候，爸爸看见丁丁的情绪有所好转，就提到了学习的事情："丁丁，不要给自己太大的压力了，适当的压力是一种动力，可压力过大就会形成一种紧张的心理。相信自己的学习方法，越临近考试，越要注意休息，这样才能以最佳的状态来迎接考试，爸爸相信你能够取得好成绩。"听了爸爸的话，丁丁觉得犹如一股春风拂过自己的心头，吹走了一直以来存在的巨大压力。

送给青春期男孩的话

青春期的男孩，面临着高考，处于人生的转折点，背负着家长的期望，而这些都形成一种强大的压力，沉重得使自己透不过气来。甚至有的孩子因为学习压力过大，选择结束自己的生命。但是你们要明白有压力是正常的。如果没有压力，也就没有了督促自己向前的动力了。所以，作为青春期的你，首先应该正视压力的存在，而不是选择逃避。

另外，青春期的男孩不要给自己太多的压力，给自己的压力要适度。压力本身是没有任何威胁性的，适当的压力会转换成强大的动力，促使自己不断地进步，不断地奋发向上。但是，一旦这样的压力过大，就会造成精神紧张、心理崩溃，出现诸如丁丁那样的情况，不能认真看书，晚上失眠，白天精神恍惚，而这样的状态是非常影响学习质量和学习效率的。所以，你们在面对来自各方面的压力的时候，需要你们学会自我调整。

  压力是一种外来的力量，控制着我们的精神和心理，这是我们无法掌控的。但是我们可以通过一些方式来化解它，削减它的消极性，引导它发挥积极作用。所以，当你发现自己在学习中压力太大时，不妨让自己放松一下，参加一些户外活动，在大自然中散散心，或者约几个好友一起打打球，这都是一些好方法。压力就是精神上的一种紧张状态，只要这种紧张感被另外一种活动置换，那么你的身心就会得到放松。当你再回过头想那些学习的压力时，会发现它已经变成了一种动力。

第七章 健康生活，男孩要学习一些保健知识

青春期是身体发育的重要时期，在这一时期，每一个男孩子都要格外地珍惜自己的身体，爱护自己的身体，这样才能健康顺利地度过青春期，成为一个真正的男子汉。一般而言，青春期会有一些常见病，需要及时预防和医治。这一时期，身体的每个部位都在生长，必须保证充足的营养。适当的运动可以铸就好身体，每天过着规律健康的生活，保持自己生活环境的清洁卫生。在青春期，还需要经过一个变声期，这一时期要注意保护好自己的嗓子；为了自己的身体健康，不要穿紧身裤；注意锻炼身体，使自己成为"顶天立地"的男子汉。

青春期有哪些常见病

青春期成长事件：班上书生多了起来

早上，丁丁上学的时候，发现对面走来一个熟悉的身影，好像是坤坤，可是为什么他脸上多了一副眼镜呢？等到走近了才发现真的是坤坤，坤坤有点不好意思地打招呼："嗨。"一只手不自然地扶了一下眼镜，丁丁好奇地看着他的边框眼镜，趁坤坤不注意，拿了下来，自己戴上了，这眼镜就像是魔法镜一般，通过两片薄薄的镜片，把外面的世界看得清晰无比。坤坤无奈地笑道："我眼睛近视了，才配的眼镜，你以为是装饰眼镜呢？我还不想戴眼镜呢，做什么都不方便。"丁丁把眼镜还给坤坤，笑着说："我觉得挺好的啊，看起来多书生气，看来又要迷倒一大片女生了。"两人笑着走进了教室。

果然，大家看着戴着眼镜的坤坤，觉得他秀气了很多，略显书生气，连丽丽都忍不住夸奖："哟，坤坤，今天帅气多了。""哈哈……"全班同学笑了起来。班主任老师走了进来，看着戴眼镜的坤坤，打趣道："同学们，要爱护自己的眼睛，它是心灵的窗户啊，不要再给它外面来个屏障，看你们班这学期'书生'越来越多了。"丁丁这时候才发现，这学期班上超过半数的学生都戴上了眼镜，看来他们的眼睛都已经近视了。丁丁不禁庆幸自己的视力还比较好，暂时不用戴眼镜。旁边的丽丽凑过来说："其实，班上很多女生都近视了，不过女生为了漂亮，都戴着隐形眼镜，你看我戴的就是隐形眼镜。"丁丁有些惊讶，原来丽丽也近视了。

晚上回到家，丁丁打开电视看了起来，为了看得更清楚，他拉近了小沙发。正巧爸爸从书房里走出来，看到丁丁凑近看电视，不禁说道："不要坐得那么近看电视，眼睛会近视的，要保护好眼睛，它可是心灵的窗户。"丁丁解释说："可是坐远了，我看不清。"爸爸坐在沙发上说道："是不是近视了？让你不要躺在床上看书，你不听，还有啊，不要离电视太近了，经常看看外面的绿色植物，对你的视力有好处。"丁丁把座位往后挪了挪，为了保护自己的视力，看来得与电视保持一定的距离了。

送给青春期男孩的话

中学时期，不知不觉你会发现班上近视的同学越来越多了，同学们都陆续戴上了眼镜。小时候，你们总是被教导说："眼睛是心灵的窗户，需要好好保护。"可是在巨大的学习压力下，自己又不太注意对眼睛的呵护，偶然一天，你就发现，不知道从什么时候开始，眼前的东西变得模糊了，其实，这就是近视，是青春期常见的疾病之一。正处于青春期的男孩，身体正在发育，在饮食或生活上稍不注意，就会产生一些常见的疾病，对于青春期男孩来说，主要有脑炎、近视、尿路器感染、青春期高血压等疾病。对于这些青春期常见的疾病，如何来预防和治疗呢？

1. 脑炎

脑炎，又称苏联春夏脑炎或远东脑炎，是由森林脑炎病毒经硬蜱媒介所致自然疫源性急性中枢神经系统传染病。一般来说，野生啮齿动物及鸟类是主要传染源，林区的幼畜及幼兽也可成为传染源，传播途径主要通过硬蜱叮咬。症状主要表现为两个方面：一是全身毒血症状，发热、头痛、身痛、恶心、呕吐、乏力，少数有出血疹及心肌炎表现，热程为7～10天；二是神经系统症状，意识障碍，脑膜刺激征，患病后，可出现颈肌及肩胛肌弛缓性瘫痪，以致头下垂及手臂不能上举。

由于乙脑是蚊虫传染的，灭蚊是预防乙脑最根本、最有效的办法。除了消灭蚊子外，还要防止蚊子叮咬，如装纱门、纱窗。睡觉的时候，可以挂上蚊帐或点上蚊香。另外，在乙脑流行期间，晚上最好不要光着背在外面睡觉，以减少传染的机会。还可以做好疫苗预防接种，及时注射乙脑疫苗。

2. 近视

近视是以视近物清楚，视远物模糊为主要表现的眼病。近视多发生在青春期的孩子身上，在生长发育阶段度数逐年加深，到发育成熟以后即不发展或发展缓慢。

虽然遗传对近视也有一定的影响，但多数是因为青春期男孩用眼不当引起的：近距离地看书或看电视，用眼时间过长，照明光线过强或过弱，在汽车上或走路的时候看书，躺在床上看书，睡眠不足，写字姿势不对等。

那么，如何预防呢？培养正确的读书、写字姿势，不要趴在桌子上或扭着身体写字；看书写字时间不能太长，持续一个小时左右就需要短时间的休息；认真做好眼保健操；多进行一些户外运动，比如放风筝、打羽毛球等。在饮食

第七章 健康生活，男孩要学习一些保健知识

上，还需要注意多吃些含维生素 A 较丰富的食物，还应该多吃含锌较多的食物。可适量食用如黄豆、杏仁、紫菜、海带、羊肉、黄鱼、奶粉、茶叶、肉类、牛肉、肝类等含锌和铬较多的食物。另外，还需要积极矫治和防止近视深度发展，如果你的眼睛已经近视了，要到医院去验光，佩戴适合的眼镜。

  除了上述的两种疾病以外，青春期的男孩子还需注意自己私密处的清洁卫生，防止尿路器感染、生殖器感染病菌。还需要及时预防青春期高血压：了解自己的血压情况，以便及时发现，及时治疗；在平时的生活中，注意劳逸结合，避免过度疲劳；保持情绪稳定，以免因为情绪波动而影响血压波动；适当锻炼身体，多做一些有益于心脏健康的锻炼，如游泳、跑步等；不吸烟、不酗酒，养成良好的生活习惯。

每天保证摄取充足营养

青春期成长事件：我的营养计划

学习越来越紧张，每天忙碌地学习，丁丁都感觉自己消瘦了很多，不禁感叹："真是为学习献身啊！"妈妈看着丁丁的样子，有些担心地说道："丁丁，妈妈最近工作忙，都没有好好照顾你，可能是营养没有跟上，这是妈妈的错，明天给你带两盒营养品回来吧。"丁丁笑了笑说："我又不是老爷爷，怎么还需要营养品，你还是别买了，同学们看到了会笑话我的。"丁丁以为妈妈说笑呢，没想到，第二天妈妈下班回来，真的买了两盒营养品，还提了一箱纯牛奶。妈妈兴奋地说："儿子，这就是你的营养计划，现在可是你长身体的时候，千万不要忽略了营养，学习那么紧张，营养跟不上，那怎么成呢？"在一边看报纸的爸爸打趣说："那丁丁的营养计划就交给你，如果丁丁还这么瘦弱且没有精神，我可找你了。"妈妈放下东西，大声回答："没问题。"说完，就去厨房忙碌了。丁丁看着爸爸妈妈，心里一阵暖流流过，差点流泪了。

从此，妈妈就开始了丁丁的营养计划，每天的饭菜都是营养搭配，还买了一些营养品。弄得丁丁都觉得自己身上长了许多肉，不过，身子好像变得比以前结实了，精神也很好，学习也更有劲儿了。这天在学校休息的时候，他不经意看见坤坤偷偷地从包里拿出一小瓶东西，往嘴里送，丁丁走上前去，一下子抢过瓶子，原来是营养品，丁丁大笑着对坤坤说："也是你妈妈给你买的吗？我也有，我都不好意思拿到学校来喝。"旁边的罗小松看见了，不屑地说："这有什么，你来我们寝室，会发现每个人都有，而且很多女生早上也喝牛奶了，现在正是学习的时候，也是我们成长的关键时期，所以，营养要跟上啊！"听了这话，丁丁冒出一句："怎么跟我妈说得一模一样。""什么？"罗小松站起来就去抓丁丁，几个男孩在那里打闹成一片。

送给青春期男孩的话

青春期是孩子身体发育的关键时期。在这一时期，身体的每一个部位都在生长，而这时就需要足够多的营养，来保证身体健康顺利地成长。在青春期，男孩的骨骼和肌肉发育比较迅速，因此青春期的男孩子对营养的需求比较大。这一时期，身体对热量、蛋白质等营养素的需求量是一生中最高的。这主要是因为在青春期，男孩子的生长发育需要食物为之提供足够的热能，而且此时身体的基础代谢增高、体力消耗增加，也就需要更多的热量来补充。然而，摄取食物的时候，并不需要专门选择一些高热量、富含蛋白质的食品，应该均衡膳食，以全面补充营养，最好是做到荤素搭配、主副食搭配，每顿饭中食物的种类多一些。

另外,处于青春期的男孩子相对于女孩子来说,食欲比较好,食量也比较大,尤其是对谷类食物的摄取量是很大的。一般来说,谷类食物包括稻米、面粉、小米、玉米及甜薯等,它们是人体热能的主要来源,同时可供给一定量的蛋白质、无机盐和B族维生素。谷类食物成了青春期男孩子日常膳食的重要组成部分,而据研究,13~17岁的青春期男孩每日进食的主食不应少于500克,否则就会导致因营养不良而出现身体状况不良的情况。男孩子在青春发育期身体生长迅速,身体内各组织、器官、肌肉都随之增长发育,所以体内需要大量的优质蛋白质,像鸡、鱼、猪肉、牛肉、蛋、乳类食物等都是蛋白质很好的来源。

青春期男孩还需要多吃海产品、蔬菜、水果等,这是因为骨骼发育较快,所以应该多吃富含钙、磷等矿物质的食物,如虾皮、海带、乳制品、豆制品等。此外,每天还应该摄取400~500克的新鲜蔬菜,以保证维生素、矿物质、纤维素的摄入量。有的男孩子偏爱肉食,尤其喜欢那些中西快餐店制作的含高脂肪、高糖、高蛋白质的食品,如炸鸡、汉堡包、三明治、冰激凌等。其实,长期食用这种快餐食品对身体有害无益,暴饮暴食也会伤害脾胃,影响其他食物营养的摄入,并且易引起肥胖和增加成年后患心血管疾病的概率。

第七章 健康生活,男孩要学习一些保健知识

坚持锻炼，提升身体素质

青春期成长事件："眼镜王子"

最近一个多月，天气都异常寒冷，丁丁也不再出去运动了，整天穿着厚厚的衣服，还冷得浑身直发颤。这些天，他发觉自己有点感冒的迹象，也不知道怎么了，以前身体挺好的，抵抗力也很好，以往比这还寒冷的天气都没有感冒过。没想到，这一连下了几天雨，就有点头晕，也开始流鼻涕了，上课的时候，精神也无法集中，老是想睡觉。

这天晚上回家，看见爸爸一个人在厨房做饭，妈妈躺在床上睡觉，丁丁担心地问："妈妈怎么了，生病了吗？"厨房的爸爸回答了一句："老毛病，又感冒了，你又不是不知道，你妈妈几乎每个月都感冒一次。"丁丁想了想，点点头道："这倒是，妈妈的身体抵抗力也太差了，总是感冒。"爸爸一边切菜一边回答："嗯，按我说，还是缺少锻炼，平时除了上班就窝在家里，身体能好吗？应该像我这样，经常去一下健身房，或是和朋友打打球，身体保准棒极了。"丁丁来到厨房，笑着说："很有道理，怪不得班上的'眼镜王子'老是生病，他总是在教室里写作业、看书，基本上不出去运动。"爸爸好奇地问："谁是'眼镜王子'啊？"

丁丁一边帮爸爸拿菜一边笑着说:"就是王奇,因为读书太多,眼睛近视了,是我们班上第一个戴眼镜的男生,平时都待在教室里,脸色苍白,经常因为生病而请假。"爸爸又说道:"他这就是因为缺乏锻炼,适当的运动可以帮助你们更快地成长,而且也能使你们的身体越来越健康。"丁丁表示同意:"老爸这个道理我喜欢,这个月我没怎么运动,结果寒流一来,我也有感冒的症状了,以后周末咱们一家人都去广场上打打羽毛球,运动运动吧。"爸爸笑着点点头,躺在床上的妈妈被父子俩的笑声吵醒了。

送给青春期男孩的话

青春期正是长身体的重要时期,所以在这一时期男孩子们要多锻炼,才能够铸就健康的身体。许多青春期男孩子因为缺少运动成了小胖、小"四眼"、小驼背,这样的身体状况也容易使他们产生自卑心理。孩子们平时学习比较紧张,有时候身体会吃不消,这时候更需要一个强健的体魄来支撑自己。身体是革命的本钱,健康的身体,有助于学习进步。在青春期这个美好的时期,要想让自己的身体迸发出无尽的力量,成为一个身体棒棒的小伙子,那就多锻炼身体吧!

文中提到的丁丁的同学"眼镜王子",就是因为缺少运动,所以脸色苍白,身体瘦弱,会经常生病,进而影响自己的学习和生活。很多处于青春期的孩子由于缺少运动,身体素质很差,抵抗力也差,使得一些病毒、细菌很容易侵入他们的身体,使本来就脆弱的身体更加不堪一击。而运动恰恰能够练就强健的体魄，提升身体素质，增强抵抗力，即使面对肆意横行的病菌，身体也不会被感染。

需要注意，过量的运动或运动方式不适当，也可以引起一些疾病。许多男孩子喜欢一些激烈的运动，比如篮球、足球，这类运动危险系数比较大，稍不留心就会使身体受伤。如果运动时过于紧张、突然改变体位或时间过长，就有可能引起昏厥，主要症状是两眼发黑、呼吸困难、意识障碍等；运动过量或运动要领掌握不好，还可能引起头晕目眩、恶心呕吐、全身发软等症状；剧烈运动之后还有可能引起哮喘；如果空腹运动，而且运动量过大，准备活动又不足，还可能引起腹痛。所以，青春期男孩在运动之前，一定要做好准备工作，掌握运动的要领，另外，运动时间不宜太长，只有这样——进行适当的运动，才可以铸就好身体，强健体魄。

晚睡、熬夜危害大

青春期成长事件：作息不规律了

最近，电视里在播放丁丁最喜欢看的电视剧《士兵突击》，虽然已经看过很多遍了，但丁丁还是看不够，看不完就不肯睡觉。而播出的时间又是在晚上10点，连播4集，等到播完了，已经到了凌晨。丁丁经常一个人坐在沙发上看着，看到兴奋处还笑出声来。爸爸嘱咐丁丁早点睡觉，丁丁满口答应，可等爸妈进了卧室，他就偷偷地把电视机打开，放低声音，一个人看得不亦乐乎。直到看完了，才依依不舍地关了电视，躺在床上，还回想着电视里的情节，激动得睡不着觉，等到快入睡了，已经是半夜两三点了。

第二天早上，睡眼惺忪的丁丁爬起来，哈欠连连，爸爸看着满脸倦容的丁丁，担心地问道："最近又在失眠吗？大清早的就这么困，还要上课呢，黑眼圈也有了。"丁丁支支吾吾地"嗯"了一声，就进洗手间去了。由于晚上睡得比较晚，丁丁白天上课的时候，也哈欠连连，精神不能集中。很多时候不知不觉就闭上了眼睛。因为听课效率下降，练习做起来也很困难，可为了晚上回去看电视，他三下两下就把作业写完了，结果交上去，老师全部打红叉。

这天深夜，丁丁正在兴奋地看电视，被起来上洗手间的爸爸发现了。爸爸显得有些严厉："我说你最近怎么精神状态不好，原来这么晚还在看电视，这样下去，白天上课怎么办，肯定是没精打采的吧？"丁丁很羞愧，一句话也没有说，爸爸关了电视，语气变得温和起来："早点睡觉，明天还要上课，养成规律的作息时间，才有利于你的身心健康，你那么喜欢看，明天爸爸买张碟回来就行了，但是要看就在周末的时候看，这样不会影响到学习，也不会影响到你休息。"丁丁觉得爸爸说得很有道理，连忙进了自己的房间，睡觉去了。

送给青春期男孩的话

处于青春期的男孩子喜欢玩耍，而且这样的玩耍没有时间限制，看电视就一直看到深夜，玩游戏也玩得通宵达旦，全然不顾自己的休息时间。作为青春期的男孩子，一方面你的身体正处于成长的关键时间；另一方面这一时期也是学习的黄金时期。所以，一个健康有规律的作息习惯对于你们来说，是不可缺少的。规律健康的作息时间可以让你的身体得到充分的休息，精力得到适当补充，使你在学习的时候，呈现出最佳的精神状态，这样对你学习质量和学习效率的提高都是很有帮助的。所以，青春期的男孩子，切记不可晚睡熬夜，更不要因为贪玩而打乱了自己的作息时间。

有的男孩子认为自己身体很好，精力也很充沛，玩个通宵是没有问题的，所以他们在放学之后就游荡在网吧等一些娱乐场所，通宵达旦地玩乐，白天却在课堂上呼呼大睡,这样黑白颠倒的作息习惯是极不健康的。一方面会影响到学习,使学习效率下降,成绩下滑;另一方面还可能引发一些疾病,比如癫痫病等。据研究发现,很多青少年之所以患上癫痫病,就是因为睡眠不充足。当然,如果青少年不好好休息,患上其他疾病的风险也是很大的。所以,健康有规律的作息时间,对于青少年来说是非常重要的。

那么,什么样的作息时间才算是健康、有规律的呢?

早上 6:30 起床,喝一杯水,补充晚上的缺水状态;7:00 — 7:30,你可以用半个小时的时间复习功课或思考一些学习上的问题;7:30 — 8:30,早餐时间。早饭必须吃,因为它可以帮助你维持血糖水平的稳定;8:30 — 9:00,步行上学,每天走路的人,比那些久坐不运动的人患感冒病的概率低 25%;9:00 — 12:30,正式上课时间,再喝一杯水,课间注意休息,出去呼吸一下新鲜空气,不要长时间地坐在教室里;12:30,午餐时间,午餐可以丰富点,可以多吃点;午餐之后,可以适当休息,这时候大脑需要休息;下午正常上课;放学之后,可以进行适当的运动,锻炼身体;晚餐不能吃得太多,否则可能会引起血糖升高,并增加消化系统的负担,影响睡眠;晚饭后,可以看会儿电视,但要注意,尽量不要躺在床上看电视,看电视的时间也不要太长;睡觉前,洗个热水澡,这样有助于身体的放松从而提高睡眠质量;23:00,必须上床睡觉,因为充足的睡眠是保证健康的基本条件。

变声期，不要忽视保护嗓子

青春期成长事件：受伤的嗓子

丁丁最近处于变声期，声音像唐老鸭一样。在爸爸妈妈的叮嘱下，他一直好好保护自己的嗓子，声带也没有出现损伤。

前些天，丁丁的表哥从广州回来了，表哥远道而来，丁丁全家都很高兴，尤其是丁丁，看到表哥全身名牌，样子帅帅的，他羡慕死了。为了向同学们炫耀一下自己的表哥，他缠着表哥晚上一起出去与同学聚会。几个男生、女生凑在一起，表哥年龄比他们大几岁，大家都跟着丁丁喊表哥，表哥看着大家都挺怕冷的样子，提议一起去吃火锅。丁丁特兴奋，直嚷着："我已经好久没有吃火锅了，想起来就流口水。"到了火锅店，表哥问道："你们想吃鸳鸯锅还是麻辣锅？"丁丁看了看同学，说道："肯定是麻辣锅了，辣得够劲，那才叫爽。"麻辣锅一会儿就上来了，看着满锅的辣椒和花椒，丁丁根本没有考虑自己的嗓子，一个劲儿地吃，还在同学的邀请下，喝了几杯酒。吃饱喝足之后，表哥又请他们去了KTV，丁丁拿着麦克风就扯开嗓子吼了起来，大家又是唱又是跳的，玩得非常尽兴。

晚上，表哥带着有点微醉的丁丁回来了，爸爸看着丁丁，有点惊讶地问："他还喝酒了？"表哥笑着说："嗯，几个孩子在一起玩得太高兴了，忍不住喝了几杯。"丁丁去完卫生间，就直接上床睡觉了。谁知，第二天早上起来，丁丁发现嗓子又干又疼，还有点失语，他连忙喝了一大杯的水，到厨房叫"爸爸"，嘴巴张得挺大，可是发出的声音几乎听不见。爸爸看着丁丁痛苦的样子，训斥道："昨晚吃火锅，又喝酒，又唱歌，看你的嗓子都坏了。处于变声期，要时刻保护自己的嗓子，一会儿跟我去医院检查检查，注意保养。"丁丁无奈地点了点头，因为他一句话也说不出来了。

送给青春期男孩的话

变声期是青少年由童声转变为成人声音的一个过渡阶段，它一般持续3～6个月，男孩多出现在12～14岁。一个关键的时期是青春期的变声期，它关系着孩子的嗓音发展，这一时期直接决定了孩子一生的嗓音质量。所以要注意保护好嗓子。另外，因为处在变声期，声带的生长速度远远超过了喉结的生长速度，因此声带将长期处于一种充血状态。稍有不慎，就会因为长时间读书、剧烈的体育运动、大声地唱歌以及饮食不当等原因而损伤声带，破坏嗓音。所以，处于变声期的男孩子，要学会保护自己的嗓子。

那么，如何来保护自己的嗓子呢？

1. 声带的保养

青春期的男孩子喜欢大声说话、唱歌，总想表现自己的大嗓门。殊不知，这样长时间地使用自己的大嗓门，一不小心就会损伤正在生长的声带。因为这一时期的声带异常娇嫩，稍有不慎就会出现充血、水肿等症状，或者出现声带小结或声带息肉等状况，轻者导致发音疲倦无力，音调改变，严重的会出现声音嘶哑甚至呼吸困难、不能说话。

（1）如何使用嗓子。这一时期，你的声带异常娇嫩，所以需要正确使用自己的嗓子，不要过度使用你的嗓子，比如大声说话或肆意地喧哗，特别注意，不要长时间地唱歌，青春期用嗓过度可能导致终身声音嘶哑。

（2）注意保暖，预防感冒。冬天要注意保暖，尽可能不要穿低领的衣服，尤其注意脖子保暖，这会避免口腔、喉部受冷，从而保护好嗓子。另外，还需要注意身体的保暖，不要感冒了，否则会加重声带的肿胀和充血程度。随着天气的变化，要适时增减衣服和被褥。另外，在学习之余，还可以参加一些体育活动，每天进行体育锻炼能增强体质，这对声带的健康生长发育也大有好处。

另外，注意劳逸结合，生活有规律，保证睡眠充足，不要熬夜，每天保证7小时以上的睡眠时间。

2. 健康饮食

保护自己的嗓子，还需要健康的饮食，像丁丁就是因为吃了刺激性的火锅，喝了酒，再加上过度使用嗓子而损伤了声带。所以，在日常的生活中，尽可能不吃或少吃一些刺激性的食物，比如大蒜、辣椒、生姜、韭菜等，因为这些刺激性食物会刺激气管、喉头与声带；冬天不要喝太烫的开水，夏天不要吃太凉的冷饮，进行剧烈运动之后不可以马上喝冷水，这会使嗓子损伤；不要吸烟喝酒，因为烟酒中的有害物质对声带的生长发育是非常有害的；日常的饮食应该选择软质、精细食物，不要吃炒花生仁、爆米花、坚果类及油炸类等硬且干燥的食物，以免对喉咙造成机械性损伤。

青春期男孩，不宜穿紧身裤

青春期成长事件：漂亮的紧身裤

上午课间操的时候，丁丁无意间看见罗小松穿了一条新裤子，本来新裤子没有什么新奇的，可罗小松这条新裤子却显得特别好看。牛仔质地的裤子，紧紧地贴着身体，可以看出腿的线条，而且紧身的曲线一下子就把臀部托得很翘，看起来格外性感。丁丁看着罗小松那帅帅的样子，就挪不开眼神了，他发现，班上好多男生女生都在朝罗小松看呢，估计都是因为那条新裤子。课间操结束之后，丁丁就跟着罗小松走回教室，一路上，丁丁又忍不住多瞅了几眼。罗小松看出了丁丁的意思，说道："这是哥哥给我带回来的新裤子，他说今年特别流行，我试穿了一下，果然很酷，怎么样，不错吧？"丁丁点点头，羡慕地看着罗小松，心里也按捺不住想要一条这样的裤子。

谁知，丁丁还没有来得及告诉爸妈，第二天学校就有很多男生女生都穿上了紧身裤，看来紧身裤成了风靡学校的又一劲酷服饰。丁丁看着那些潇洒的身影，再看着自己宽松的运动裤，心里很不是滋味，决定下午回去一定跟爸爸说一下。下午回到家，丁丁就跟爸爸商量："爸爸，我想买条牛仔的紧身裤。"爸爸劝道：

"紧身裤对你们的身体不好，会影响到你们的身体发育。"丁丁执意想要那样的裤子，不顾爸爸劝解："怎么会呢？学校很多人都穿了那种裤子，他们都好好的。"爸爸知道劝不了，就答应周末的时候一起去买。"耶。"丁丁一下子跳得老高。

周末，丁丁和爸爸一起逛商场，很快就看到了那种已经风靡了整个学校的紧身裤。丁丁看中了其中一条，爸爸建议："你还是先试一下吧。"丁丁拿着那条裤子，去了试衣间，不知道怎么回事，穿上了那条裤子，虽说镜子里面看起来很美，但是感觉紧紧的，而且厚重、硬度较大的面料不时碰到自己的小弟弟，感觉很疼。想着爸爸说的那些危害，他突然对这样的裤子喜欢不起来了。最后，丁丁东看看西看看，还是买了自己喜欢的运动裤。

送给青春期男孩的话

那些看起来漂亮的紧身裤，实际上对身体是有害的。青春期是孩子体格生长发育的关键时期，特别是青春期的男孩子，身体发育迅速。另外，生殖系统也开始发育并日趋成熟。所以，为了保护自己的身体，要尽可能地选择一些宽松、合身的服饰，而避免一些太紧的衣裤。有的孩子偏爱穿紧身衣，虽然看起来比较酷，但会妨碍身体的发育，特别是胸部的血液循环，影响胸廓向外扩张，影响肺部的发育，时间长了，还会造成胸廓发育不良，肺活量降低。而如果你喜欢穿紧身裤，那对身体的危害会更大，很可能危害到你的生殖系统。

虽然，以牛仔裤为代表的紧身衣裤在青春期的孩子中风靡一时这主要是因为穿紧身衣裤能使人的身材显得修长，突出了美的体型，但是，对于身体处于重要发展阶段的青春期男孩来说，自己的穿衣打扮，不仅要考虑到外表美观，更应该考虑它是否有益于健康。紧身裤对正处于生长期的男孩来说，危害很大。

1. 影响男孩子生殖器官的发育

青春期是一个人身体各个部位都在快速发育的重要时期。在这一时期里，男孩子的阴茎、睾丸和阴囊等生殖器官也在快速发育。如果你穿着紧身裤，紧身的裤子会紧紧包裹住这些生殖器官，阻碍这些器官的血液循环，从而从根本上影响它们的发育。

2. 影响精子的生成和成熟

精子的生成与成熟都需要适宜的温度，一般来说，它所要求的温度会比腹腔温度低2℃~4℃。所以，精子产生需要的恒定温度是由阴囊皮肤的收缩和舒张来调节的。假如你穿着紧身裤，它就会紧紧地包裹住阴囊，使皮肤得不到充分的舒张，阴囊不能正常散热，时间长了，阴囊内温度过高，就会影响精子的生成。

3. 影响外阴部的卫生

当你穿着紧身裤时，裤子会紧紧包住阴部，不容易散热，也不利于通风，阴部分泌出来的东西也不容易蒸发出去，这样会增加阴部湿度，而高湿度及适宜的温度会造成病菌的繁殖，进而使阴部发炎。而且如果你的紧身裤过紧，就会促使外阴部大量出汗，特别是在炎热的夏天，很容易患上湿疹和皮炎。

所以，孩子，当你了解到紧身裤对你的身体有这么多的危害时，你就应该明白紧身裤并不如它外表那么酷。因此，为了你的健康，不要贪图酷而穿紧身裤，而应该选择宽松、棉质的衣裤，这样才能保证你的身体健康发育。

成为"顶天立地"的高个子

青春期成长事件：我想长个子

自从上了高二，班上很多男生都开始长个子了，一些个头比较矮的男生身高一下子就蹿了起来，远远超过了女孩子的身高。可丁丁似乎还在原地踏步，个子还是那样子，虽然自己并不是班上最矮的男生，但是被好多女生给比了下去，丁丁觉得相当自卑。生物老师说，遗传基因会影响到身高，可自己的爸爸一米八的个儿，妈妈也不算矮，为什么到了自己这里，个子就是长不高呢？每次跟爸妈回老家，亲戚都会笑丁丁"还是个矮个子""咋了，这两年都没有见这孩子长高，是不是营养跟不上""爸爸妈妈都这么高，丁丁没有理由这么矮啊"……听着亲戚谈论自己的身高问题，丁丁显得很自卑，还莫名地向爸妈发火。似乎自己长这么矮，是因为父母的关系。

这天，丁丁来到了坤坤的寝室，一进门，就看见小胖倒立在床上，脸都憋成了猪肝色，丁丁好奇地问："小胖，你在干吗呢？"小胖虽然脸色很痛苦，但扬扬得意："你不知道吧，我这是又长个子又减肥。"说完，看了看丁丁，说道："看你，也可以这样试试看，可以帮助你长高呢。"丁丁假装不在意地说："我才不像你这样呢，做一些无用功。"虽然丁丁嘴上说不去做，可晚上回家之后，就一个人关起门做起动作来——倒立在床上。爸爸来叫丁丁吃饭，打开门吓了一跳，听了丁丁的解释，更是哭笑不得。

晚饭是大豆炖排骨，还有麻婆豆腐，丁丁一直不喜欢吃豆类食品，大豆、豆腐从来不吃，甚至连豆浆都不愿喝一口。爸爸给丁丁夹了一块豆腐，说道："丁丁，你这样是不行的，我和你妈妈去医院咨询了，医生说如果一个人总是挑食，并且不爱运动，个子很难长高。丁丁，你经常挑食，不吃豆类食品，可你知道，这些食品都可以补钙，帮助你长个子。所以啊，从现在开始，培养良好的健康饮食习惯，多吃一些豆类食品，多做运动，再补充一些营养就可以了，我们相信你的个子一定能够长起来。"半信半疑的丁丁夹起那块豆腐，送进自己的嘴里，突然发现豆腐也不是那么难吃，看来自己真的需要改变一下饮食习惯了。

送给青春期男孩的话

每个男孩子都梦想着做一个顶天立地的男子汉，都想成为高个子男生，似乎这样才对得起"男子汉"这个称谓。可是，许多男孩子都长成了小胖墩，只见身体横着长，却不见身体长个子。这使得很多男孩子产生了自卑心理，觉得自己的个子连女生都不如，愈发不愿意运动，害怕被同学笑话。其实，一个人的身高，取决于几个因素，首先，遗传因素占70%；此外，取决于其他条件，包括运动、营养、环境和社会因素等。所以，为了让自己长高一点，你应该注意自己的饮食、身体的锻炼，这样你才能成为一个顶天立地的"高个子"。

1. 充足的营养

充足的营养是青春期男孩成长的关键，一个人的体格生长需要来自食物中的能量、蛋白质和氨基酸，所以，你在平常的膳食中要多吃肉、蛋以及豆类食物。另外，骨骼的生长还需要大量的钙、磷及微量的锰和铁。当你没有摄取足够的钙，而又缺乏维生素D时，就会造成骨骼矿化不足；如果缺乏了维生素A，也会使骨变短变厚；如果缺乏了维生素C，就会使骨细胞间质形成缺陷而变脆，而这些情况都会影响骨骼的生长。所以，在健康的膳食中，营养应该是全面的、充足的。而这时候，你需要克服自己的不良饮食习惯，不要偏食、厌食，多摄取一些有营养、能帮助骨骼成长的食品。此外，不要吃太多零食，这样会影响重要营养物质的摄入。

2. 运动锻炼身体

除了健康的饮食，适当的体育锻炼也可以加强机体的新陈代谢，加速血液循环，促进生长激素的分泌，加快骨组织生长，有益于青少年长高。另外，在选择运动的时候，应该选择一些能帮助你长高的运动。如：

（1）悬垂摆动。你可以在家里利用门框或单杠的高度，把身体悬垂在杠上，双脚刚好能离开地面。双手握住单杠，双手之间的距离比两肩稍宽，双脚并拢，然后身体进行前后摆动，摆动的幅度不宜过大，时间也不要太久。你可以选择在每天早晨，做一些这样的身体前后摆动，坚持20秒钟，做10~15次。

（2）生活中的跳跃运动。你可以在走路的时候，双脚跳起，再用手去摸路边高于自己的东西，比如路边的树枝、篮球筐或天花板，也可以双脚跳跃，大约30次。休息一会儿，再进行单脚跳跃运动。

（3）多参加球类运动。在学习之余，你可以多参加一些球类运动，比如篮球、网球、足球,等等。这些球类运动都可以帮助你的骨骼生长。打篮球时积极争抢篮板球;打排球时尽可能地跳起来,做一个漂亮的扣杀动作;在足球运动中,高高跳起,用自己的前额去撞击足球。

(4)跳跃性练习。在进行体育锻炼的时候,你可以做一些跳跃练习。如行进间的单足跳、蛙跳、三级跳、多级跳和原地纵跳等。

如果你的个子不是很高,也不要灰心丧气,因为男孩子的身高会比女生推迟两年才发育完,所以你还有成长的空间,千万不要有自卑心理。而且,没有人规定个子矮的男孩就不能成为男子汉,男子汉的魅力是来自于内心的东西,包括责任、担当,这才是真正的男子汉,千万不要把男子汉局限地认为非要高个子才行。只要你好好学习,做老师的乖学生,做爸妈的好儿子,就是一个小小男子汉。

第七章 健康生活,男孩要学习一些保健知识

第八章
Chapter 8

远离危险禁区，青春期男孩要保护好自己

在青春期这个极为敏感的年龄段，有很多未知的、新奇的、隐藏着危险的禁区。但青少年由于认知有限，也没有足够丰富的社会经验，稍有不慎，就可能涉足这些危险的禁区，误入歧途，毁掉自己美好的人生。男孩子，吸烟喝酒不属于你们这个年纪；黄毒也会让你的花季失去色彩；面对校园暴力，要正确运用法律武器，结交网友也需要谨慎；拉帮结派千万不要参与。青春期你们需要小心地避开这些危险禁区，做一个身心健康的男孩子。

远离烟酒，珍视健康

青春期成长事件：星期五的放纵

这个周末放月假，到星期五的时候，大家都在收拾行李准备回家了。丁丁和一些不住校的学生却没有这样的想法，因为天天回家习惯了，丁丁倒很想知道在学校住宿的那种感觉。坤坤背着自己的小挎包，跟丁丁耳语："放假了，我们准备轻松轻松，你去吗？"丁丁看着坤坤那神秘的样子，也有了好奇心。于是放学后，丁丁随着坤坤来到了学校的后山，远远就看见几个男生在那里"吞云吐雾"，走近一看，原来是罗小松和几个高年级的男生在一起吸烟。丁丁心里有点怪怪的，想起爸爸时常在耳边说的话，但看着罗小松他们那样潇洒的样子，心里又很羡慕。罗小松随手递过来两支烟，坤坤伸手接住了，把其中一支递给丁丁。丁丁心里犹豫着：该接还是不接，坤坤拿出打火机点了烟，呛了一口烟，好像很痛苦。他对丁丁说："你也来一支嘛，尝尝味道，男孩子嘛，什么都需要了解一下。"那烟喷在丁丁的脸上，感觉很奇怪，丁丁不自觉地就把烟拿了过来，学着坤坤他们的样子，点上了。

几个男孩子在后山转悠了一会儿，罗小松提议："咱们去酒吧玩会儿吧。"丁丁有些迟疑，坤坤硬是拖着他下山了。在酒吧，似乎是不习惯里面的氛围,丁丁喝了一杯就出去了。这时候,他看见许多穿着暴露的男女挤在一起跳舞唱歌,丁丁觉得有点恶心,靠着栏杆吐了起来。一位好心的男士走过来,递过来一杯水:"小伙子,怎么了?"丁丁抬起头:"没事。"男士看着丁丁稚嫩的面孔,好心地劝道:"小伙子,还没有成年吧?这里还不属于你们,也不适合你们,早点回家去吧,爸爸妈妈估计还在家等着你呢。"丁丁觉得心里很闷,说道:"谢谢您!"然后,就一个人独自离开了。

送给青春期男孩的话

抽烟、喝酒作为成年男性的应酬手段之一,其实对自身的危害是相当大的。对于正在发育的青少年来说,它们造成的危害更是巨大的。青春期的男孩正处于迅速生长发育的阶段,身体各器官都还没有发育成熟,神经系统、内分泌功能、免疫机能等也不稳定,这样的身体状况对于来自外界的不利因素和刺激的抵抗能力是比较差的。所以,抽烟、喝酒对青春期男孩子的危害远远超过了对成年人的危害,而且,这种危害会持续到他们成年之后。

1. 吸烟对青春期男孩的危害

吸烟对青春期男孩的身体危害是多方面的,既影响了身体的发育,也会给成年之后的生活带来一定的影响。青春期男孩的支气管比较直,所以烟雾很容易直接进入肺里,这样支气管和纤毛容易受到焦油的刺激,从而降低巨噬细胞的功能，因此，吸烟对青春期男孩的危害是很大的。这些危害主要表现在以下几个方面。

（1）危害大脑。由于香烟里含有大量的尼古丁，当青春期男孩吸烟之后，这些尼古丁就会作用于神经系统，并产生暂时的麻醉效应，使你感到舒服。但这样的兴奋现象只是暂时的，之后就会麻痹与抑制大脑的神经系统，这样一来，大脑的思维、记忆与判断等机能都相应地减弱。另外，香烟燃烧产生的一氧化碳与血液中的血红蛋白结合成碳氧血红蛋白，影响氧的运送和供给，使大脑处于缺氧状态，进而影响你们的学习。

（2）影响呼吸系统发育。处于青春期的男孩子，呼吸系统还没有发育完全，所以面对烟雾的刺激，呼吸系统的抵抗能力会下降，进而使烟雾直接到达身体内部。另外，因为烟雾的长期熏灼、刺激，呼吸器官的防御机制遭到破坏，易引发急、慢性呼吸道炎症。

（3）容易染上烟瘾。如果你从青春期就开始吸烟，这会比那些成年之后再开始吸烟的人更容易染上烟瘾，成为终身的吸烟者，也更容易对尼古丁产生依赖。这样一来，稍有不慎，还可能会染上其他的毒品。

另外，吸烟也会影响到你的精神面貌。因为吸烟会使牙齿变黄，让人感觉你显得不干净，而你口中的烟味也会影响到你与他人的交际。另外，吸烟还使你看上去脸色苍白，给人一种萎靡不振、颓废之感，也缺乏了青春期应有的蓬勃朝气。

2. 饮酒的危害

正处于青春期的你们，神经系统还没有发育健全。而喝酒会造成头晕、头痛、注意力涣散、情绪不稳、记忆力减退等症状，这对于正处于学习的黄金时期的你们是大为不利的。其实，酒对青春期男孩的危害远远超过了对成年人的伤害。如果你过量饮酒，还有可能对你的神经功能造成伤害。

除此之外，青春期男孩的食道、胃黏膜细嫩，管壁浅薄，对酒精比较敏感，饮酒会影响胃酸及胃酶的分泌，导致胃炎或胃溃疡的发生。而酒精进入人体后，要靠肝脏来分解，而你们的肝脏还没有完全分化，肝组织较脆弱，饮酒会破坏肝的功能，甚至引起肝脾肿大、酒精性肝硬化。饮酒后还会引起毛细管扩张，散热增加，抵抗力下降，易引起感冒和肺炎。

青春期的你们正处于心理、智力和体格快速发育的时期，所以要养成不吸烟、不喝酒的好习惯，这对于你们一生的健康都是很有帮助的。如何抵制来自香烟和酒精的诱惑？这就需要你们有较强的自制力，控制自己的行为，养成良好的生活习惯，从而避开香烟和酒精的危害。

别让"黄毒"让你的花季蒙上阴影

青春期成长事件：不明网页

今天历史老师留了一道历史分析题，让大家回去在互联网上查阅相关资料，明天再把所做的功课交上去。回到家，丁丁打开电脑，习惯性地打开百度的窗口，把历史老师留下的题目输了进去。结果出来了许多网页，他一个个地打开，又一个个地关闭，看了大半天都没有找到与这道题有关的内容。丁丁很泄气，也有点气愤，怎么还是查不到呢？他不经意碰到了一个网站，网页自动弹出来了，出现在丁丁面前的是惊人的一幕：裸着身体的男女……丁丁只觉得一股热血涌上来，呆呆地坐在那里，浑然忘记了自己在干什么。

丁丁看得面红耳赤，似乎连爸爸推门进来都不知道。爸爸看见丁丁的样子，再看电脑的画面，又惊又气，"啪"的一声关了电脑。丁丁一惊，原来爸爸已经进来了，他难堪地低下头，不敢看爸爸。爸爸强压住怒火，对丁丁说道："先出去吃饭吧。"说完，就出去了，留下发呆的丁丁。

吃饭的时候，丁丁一句话也不说，妈妈有些奇怪，问道："丁丁，你资料查完了吗？"丁丁没有吱声，旁边的爸爸和颜悦色地说道:"好像还没有呢,刚才我进去看到他正在认真地查呢。"丁丁感激地看着爸爸,又害怕地把眼光移开了。晚饭后,爸爸趁着妈妈去厨房忙碌了,拉着丁丁来到书房,父子俩坐下,丁丁低着头,爸爸和蔼地说道:"丁丁,你怎么在网上浏览黄色网站呢?"丁丁委屈地说道:"是它自动弹出来的。"爸爸显得有点生气:"自动弹出来的,你就不能关了吗?丁丁啊,这些网站是千万不能去碰的,否则会危害你的身心健康,爸爸让你用电脑,是希望你用在学习上,但你这样做太让爸爸失望了。"丁丁羞愧地低下头,爸爸知道丁丁已经明白自己错了,就亲切地说:"看你的样子,还没有查到需要的资料吗?来,爸爸帮你。"丁丁在爸爸的帮助下,很快查到了相关的资料,也懂得了"黄毒"的危害。

送给青春期男孩的话

青春期男孩子在网络上查阅资料、聊天时,一不小心就会遇到一些自动弹出的不明网页。其实,这就是专门为了诱惑你上当而设置的陷阱,如果你按捺不住好奇心,点开了它,并进行了大量浏览,那么就会损害自己的身心健康。这些陷阱就是被称为"黄毒"的东西,也是国家公安部门严令禁止的。也许,你在报纸上、电视上经常看见"黄毒"这个字眼,却不知道它到底包含了什么东西,也不知道它的危害性。"黄毒"就是黄色、淫秽物品,是指宣扬男女之间不健康、不正当,甚至变态的性行为,毒害人的心灵,毒化社会风气,容易教唆人们违法犯罪。如今,随着互联网的日益普及,"黄毒"更有了蔓延之势,不可阻挡,这也增加了青少年与其接触的机会,虽说"黄毒"很难根除,但是作为青少年的你却可以约束自己。

由于青春期男孩正处于身心成长的关键时期,你们所具备的判断能力有限,当你无意中在网上进行浏览时,会对网络上的淫秽色情内容防不胜防。你们没有太强的辨别能力,很容易沉迷其中,不能自拔。而且这样的情况会影响到自己的生活和学习,造成无心学习、精神萎靡的现象,进而危害你们的身心健康。所以,当你在互联网上无意之中发现了黄色网页时,就要克制自己的好奇心理,关闭网页,让自己远离"黄毒"的诱惑。另外,你可以多参加一些积极向上的活动,避免网络淫秽色情的冲击。

除此之外,手机也成了传播"黄毒"的载体,现在很多孩子都有了自己的手机,除了用来与父母、朋友联络感情之外,也用来互相发一些短信、彩信。而这样的一个载体也经常为不法分子所利用,如果你交友不慎,而对方又沉迷于"黄毒",就会不时地向你发一些黄色短片或黄色图片。现在,越来越多的青少年受到了"黄毒"的危害,很多人都沉迷其中不能自拔。所以,作为一个青少年,应该克制自己,既不能受"黄毒"的危害,又不能把这样的"黄毒"传播出去危害其他同学。青春期是一个美好的时期,父母希望你们能在敏感的青春期,身心健康地成长,这就是做父母的最大欣慰。

第八章 远离危险禁区,青春期男孩要保护好自己

通过正面方式学习"性教育"知识

青春期成长事件：一条信息引发的一堂生物课

下课之后，丁丁急匆匆地冲向厕所，却看见班上几个男生正围在那里叽叽喳喳地议论着什么事情。丁丁见状，似乎已经忘记了自己来厕所的目的，也好奇地围上去，只见小胖在中间很懊恼地说："哎，真糟糕了，怎么办，这事情肯定会被班主任知道的，到时候我就惨了。"罗小松点了一支烟，生气地说："早知道就不发给你了，你说你怎么发的，怎么会发到老师的手机上去？"王翔在一边叹气："事情已经这样了，我们要想的就是该怎么来补救，而不是在这里互相怪罪。"丁丁突然问了一句："出了什么事情？"罗小松和小胖不说话就走了，王翔说道："没有什么事情，本来我们几个之间在互发信息，没有想到小胖这呆猪，居然把信息发到语文老师那里去了。"丁丁听了，还是感到不解："那有什么严重的，直接跟老师说发错了就得了呗。"王翔一脸怪笑："严重的是信息的内容，是少儿不宜的。""啊？"丁丁想起来前两天在网上看到的那些图片，觉得心里一阵发毛。

下午班会课，几个男生坐立不安地等着班主任来。因为如果语文老师告诉了班主任，那么，这节课肯定是一堂"政治课"了。

上课铃响了，却没有想到，出现在教室门口的居然是生物老师。全班学生睁大了眼睛，生物老师微笑着注视着大家，最后目光在小胖脸上停顿了几秒钟，然后转身在黑板上写下了三个大字：性教育。生物老师看着大家惊讶的目光，微笑着说："这节班会课由我来上，主要是为了解决同学们内心的疑惑，也是为了纠正最近出现在你们身上的错误行为。"丁丁听到了"错误行为"，不禁看了小胖一眼，发现他的脸涨得通红。生物老师说道："我相信同学们自从学习了有关的生理知识之后，就对性开始胡乱猜疑了。有些人禁不住好奇，就上网浏览黄色网站、黄色电影，甚至用手机传播一些黄色图片。其实，这种了解性知识的途径都是错误的。"这话一说，包括丁丁在内的大多数男生都低下了头，只有女生不知所措。生物老师又在黑板上写下了"正确途径"几个大字，接着又讲道："既然你们的途径是错误的，那么今天就由我来给大家讲讲正确的途径，这是生物知识的一部分，也是你们班主任要求要讲的，下面我们就来了解一下……"

第八章 远离危险禁区，青春期男孩要保护好自己

送给青春期男孩的话

　　青春期的懵懂情愫，神秘的生理知识，都给"性"披上了一件诱惑而又令人遐想的外衣。因为对性知识的迷茫，以及对性知识的好奇，一些男孩子开始私底下传播一些黄色图片，或者偷偷地浏览一些黄色网站。这样大胆而又隐秘的行为，就如同偷吃了好东西一样，令他们感到新奇而又紧张。但是这样的行

为不仅不能让青少年真正了解性知识,还会危害到青少年的身心健康。所以,青春期的男孩对性知识感到不解的时候,不要企图寻找一些错误途径来了解性知识,而需要通过正确而恰当的方式和手段来了解。

那么,哪些途径才可被称为正确的呢?如果你想了解一些性知识,可以通过阅读生物书上的有关知识。假设你觉得阅读了这些书籍之后,还是会感到不解、迷惑,那么你可以向自己的生物老师求助,或者向自己的父母求助。也许,许多孩子认为向老师提问那些难堪的问题,显得很难为情,也不好意思向父母请教。其实,作为一个正在生长发育的男孩子,有这样的疑惑是正常的,而需要了解相应的性知识也是无可厚非的。生物老师是专业的老师,他给你的解释也是比较专业的,会化解你心中的困惑。而男孩子也可以向爸爸请教,不要觉得难为情,这只是两个男子汉之间的谈话,根本没有必要为此感到羞涩,因为这样的交谈总比你一个人偷偷地浏览黄色网站被父母撞见好得多。

不要沾染赌博这种恶习

青春期成长事件：老虎机的诱惑

中午，丁丁和班上几个男生一起出去吃饭，找了一家离学校很近的餐馆，进门就看见了一台老虎机。罗小松笑着说："小儿科的东西还放在这里，引诱小孩子上当呢。"丁丁还是在初中时跟表哥一起玩过，当时还没有搞清楚怎么玩就结束了，所以，直到现在，丁丁对老虎机还是一知半解。王翔也多看了老虎机一眼说："没事也可以玩玩嘛，点菜之后空余了这么多时间，完全可以赌一次，你们身上有硬币吗？"小胖看了看老虎机的装置，笑着说："这机器不用硬币，而是换筹码，看来你也早过时了。"于是，两人直接坐在了老虎机前面，玩起来了，只有丁丁和罗小松两人在点菜。

点完了菜，两人觉得无聊，也围到了老虎机前面，4个男孩在那里关注着老虎机。丁丁看懂了运作过程，忍不住叫道："我也玩一次。"罗小松邪笑道："你来一次，就想来第二次。"丁丁花了10元钱买了筹码，机器开始运转了，没想到数字一显示出来，真的赚了一笔。正如罗小松所说，丁丁按捺不住好奇心，又开始了第二次，很不幸，第二次输了，他想扳回本钱，又买了筹码，就这样一次又一次，直到菜上齐了，在这短短的时间里，丁丁已经输掉了50元钱，连饭钱都输掉了。罗小松好像早就料到了，他拍着丁丁的肩膀说："孩子，远离赌博，这老虎机根本就是'吃人'的机器，知道我为什么读了两个初三吗？就是这机器害的。当时我天天到游戏厅玩老虎机，想着拿回自己输掉的钱，结果越输越多，成绩也直线下降，留级两次，这可是我一生的耻辱，所以，我发誓再也不碰这东西了。"丁丁心里还满是沮丧，罗小松接着安慰道："没事，这顿饭我来给你付钱，以后少碰这样的东西，会让你上瘾的，最后会输得你什么都没有，这世上根本就没有天上掉馅饼的美事。"王翔给丁丁拿来了碗筷，小胖帮忙盛上了饭，丁丁拿着筷子夹菜，心里下决心，再也不碰老虎机了。

送给青春期男孩的话

在敏感的青春期，有许多来自外界的诱惑，像玩老虎机一类的赌博游戏在青少年中蔓延。处于青春期的男孩子本来就对玩耍没有抵抗力，更何况这样的玩耍还能够谋取一些利益，于是，许多青少年开始沉迷于赌博，无法自拔。有的孩子偷偷把扑克牌带到寝室，当晚上宿管阿姨都睡觉了，几个人就点着灯聚集在那里赌博。还有的孩子，在父母的熏陶下，学会了打麻将，还学着父母开始聚众赌钱。通宵达旦地赌博，既损失了金钱，又损害了身体，整天想着拿回自己输掉的钱，无心学业，最终只会让自己越陷越深，甚至为了赌资而大打出手，酿出悲剧。所以，作为一个青少年，要明白赌博对自己的危害，远离赌博，珍爱自己，以保证自己的身心健康成长。

青少年赌博严重，已经成了我国赌博活动中最为突出的现象之一。有的孩子在家里，大模大样地坐在牌桌前洗牌、砌牌和打牌，而父母则在背后指点，这似乎已经成为一种孩子们的时尚了。有的孩子甚至告诉父母，同学们知道自己什么牌都不会玩，会取笑自己，而自己也觉得很丢脸。另外，孩子们的赌博场所也开始层出不穷，除了生活中的纸牌、麻将，还有游戏厅里的老虎机，溜冰场里的跑马机。因此，这些场所也成了孩子们最爱去的地方。孩子们会为了赌博而打架、斗殴。所以，面对如此情况，作为青少年，更应该知晓赌博的危害，应该远离赌博。

青春期的男孩参与赌博的危害非常多，主要表现为：赌博容易产生一种贪婪的欲望，时间长了，还会扭曲人生观与价值观；长时间沉迷于赌博，会占用你们的学习和休息时间，影响学习，使成绩下降；危害身心健康，容易使你们形成不良的心理品质；一旦迷上了赌博，就难以脱离它的魔爪，长大后也有可能会成为职业赌徒，还会养成吸烟、饮酒、偷窃、打架等不良习惯。

总而言之，赌博对正处于青春期的你们是有百害无一利的，要学会辨别是非，控制自己，远离赌博。

第八章 远离危险禁区，青春期男孩要保护好自己

积极学习禁毒知识，防范毒品侵害

青春期成长事件：邻居大哥哥

晚上因为功课耽误了一点时间，丁丁回到家的时候已经是七八点钟了，由于事先给爸妈打了电话，让他们先吃晚饭，于是，丁丁慢慢地走在路上，欣赏着这个城市的夜景，显得无比惬意。到了楼下，正准备上楼的丁丁听到了阵阵细微的呻吟声，他心里害怕，这么晚了，谁还在楼下？丁丁定了定神，拿起自己的手机，借着屏幕微弱的光，走向呻吟声的来源处，看到一张惨白的脸。丁丁很惊讶，原来是邻居大哥哥郑辉。郑辉比丁丁大3岁，本来今年应该上大学了，但好像听爸爸说，郑辉与社会上的朋友交往沾染上了恶习，被学校勒令退学了。爸爸还曾经告诫自己，不要与他来往了。丁丁想着爸爸的话，但又想起来小时候与大哥哥玩耍的事，忍不住轻声叫道："郑辉哥哥，你怎么了？"郑辉看起来比较恐怖，脸色苍白，一副凶相，好像强忍痛苦的样子。郑辉看着照亮的灯光，本想发火，可看清是丁丁，神色又缓和了下来，答道："没事，你走吧，这么晚了，你爸妈该担心你了。"丁丁看了看他，想再问，可又怕自己这样做很唐突，就回头慢慢上楼了。

丁丁到家后向爸妈说起这件事情，爸爸直叹气，妈妈也长嘘一声:"唉,这孩子,真是造孽,好好的学不上,却沾染上了毒品,看来没救了。""染上毒品?"丁丁一惊,想想刚才郑辉哥哥那痛苦的样子,应该是毒瘾犯了,不禁有些后怕。据老师说,那些吸毒的人毒瘾发作时会丧失人性,什么事情都做得出来。旁边的爸爸也说道:"是啊,一个好青年就这样被毒品毁了,今天老郑还说,要把那孩子送戒毒所去。"丁丁没有想到这些事情离自己这么近。爸爸看着丁丁,说道:"丁丁,看着你郑辉哥哥的下场,你就知道毒品的危害性了,所以,平时一定要注意,不要跟那些社会上不良的人来往,一不小心,就掉进了别人的陷阱。""嗯,我知道。"丁丁点点头。

送给青春期男孩的话

当你进入了青春期以后,好奇心也会随着增强,来自社会的各种东西都会诱惑着你,其中就包括毒品。特别是周围的同学或者他们结交的社会上的朋友在尝试它时,若你经不住诱惑,也会陷入其中。一个人只要沾染上了毒品,那么他的一生就完了,并不是说毒品的侵害性有多大,而是人的意志力有限,在毒品面前,人们往往会抛下意识,茫然地陷入另一个世界之中。因此,防患于未然,青少年应该远离毒品,珍爱生命。

许多孩子知道毒品是危险的,但缺乏具体的认识。毒品对青少年具体有哪些危害呢?

第八章 远离危险禁区,青春期男孩要保护好自己

1. 毁灭自己

一旦毒品被摄入体内，就会给健康带来严重的损害，甚至会因为吸毒过量导致死亡。而且毒品对消化系统、呼吸系统、心血管系统、免疫系统等都有不良的影响。另外，如果你不小心沾染上毒品，还可能导致并发症，比如急慢性肝炎、肺炎、败血症、肾衰竭、血栓性静脉炎、中毒性精神病、性病等。

毒品不仅会对身体造成毁灭性的伤害，对心理也会有严重的影响。毒品的生理依赖性与心理依赖性使得沾染上它的人很快就会成为其奴隶，吸毒者生活的唯一目的就是设法获得毒品。而且，长期吸毒会使人精神萎靡，形瘦骨销。所以，曾有人说："吸进的是白色粉末，吐出来的却是自己的生命。"

2. 殃及家人

青少年若沾染上了毒品，就会丧失人性，丧失道德理智，为了购买毒品不惜向爸妈要钱，甚至沦落为小偷、抢劫犯，让父母痛心。家庭中只要有了一个吸毒者，那全家就会永无宁日了，也意味着这个家庭的贫穷和苦难开始了。

3. 危害社会

有人说，吸毒与犯罪就是一对孪生兄弟，一个人只要沾染上了毒品，他的眼中就没有了道德，没有了法律意识，偷东西、抢劫，严重危害社会。而作为青少年，你们是祖国的未来，肩负着历史使命，你们的目标是以后积极贡献于人民，报效于国家，做一个对社会有用的人。

那么，作为青春期的男孩，怎样使自己远离毒品呢？

不要随便与陌生人搭话，也不要拿陌生人给你的任何东西，因为这有可能就是一个陷阱；在学校，远离那些沾染上恶习的同学，不要与他们为伍；如果了解到身边朋友的父母有这样的恶习，也要与之保持距离，更不要随便出入他的家里。远离毒品，最关键的就是洁身自好，不要给毒品靠近你的机会。

面对校园暴力，用法律武器保护自己

青春期成长事件：一次群架

中午休息时，大多数同学都待在教室里，有的写作业，有的聊天，有的打闹，有的直接趴在桌子上睡觉。这时，小胖急匆匆地跑进来，脸上青一块紫一块的，眼里满是愤恨，班上男生都围过去，纷纷问道："怎么了？小胖？""谁打你了？""这是谁打的？告诉我们，我们替你报仇。"丁丁把抽屉里的卫生纸和水递过去，小胖擦了擦脸上的伤痕，生气地说："高三那帮浑蛋，就是我们经常在厕所遇到的那几个人，打扮怪异，阴阳怪气的。今天我路过操场的时候，正看见他们在一个角落抽烟，我不过是随便看了一眼，那个黄毛小子就叫道'看什么看，过来，小胖'，我当时没有理睬他们，没想到他们几个马上丢了烟头，冲过来就把我摁倒在地。"丁丁听得心惊胆战，问道："当时就没有人吗？"小胖没好气地说："中午，大家都在教室，就那几个人，胆小的同学看见打人早就躲起来了。""咱们放学了找他们去。"罗小松扔下一句话，就出去了。

整个下午，男生们都没有消停，一直谈论着打架的事情，罗小松依靠着自己的关系，还拉拢了不少高三年级的朋友，这给班

第八章 远离危险禁区，青春期要保护好自己

上男生更增添了信心，大家都觉得小胖被打实在是太冤枉了，而作为男子汉，理应为了他讨回公道。丁丁也觉得很气愤，一想到全班男生为了小胖打架，就觉得热血沸腾。谁知道，下午放学后，还没有等同学们走出校门，班主任就黑着一张脸进来了："听说你们要去打群架？真的假的？"男生们低下头了，班主任说道："这件事情我会处理的，希望你们到此为止，也希望你们懂得一个道理，当你们在面对校园暴力的时候，需要依靠法律途径解决，而不是以暴制暴。"班主任说完几句话就走了，留下一群呆如木鸡的男生。

送给青春期男孩的话

由于青春期孩子们的性格敏感，容易叛逆，所以酿成了不少校园暴力事件。校园暴力也叫作校园欺凌，是发生在同学之间欺负弱小的行为，校园欺凌多发生在中小学。在校园暴力这一过程中，无论是被欺凌者还是欺凌者，他们的心态都会因为这样的行为而受到伤害，进而影响他们的身心健康。可能，有的男孩子也会遇见小胖这样的情况，无意之中就被高年级的男生给欺负了。而当这件事被班上同学知道时，则会激起男生内心的好胜心理，在他们看来，打群架，为自己的同学讨回公道是一种很讲义气的行为，也是自己作为男子汉应该做的事情。但是，当你在面对校园暴力时，想采取以暴制暴的方式来讨回公道，实际上这是不可行的，也是极为错误的做法。

校园暴力是一个社会问题，其中牵扯打架、斗殴，而这样的问题并不是还处于青春期的你们所能解决的。你们的行为只会激化双方之间的矛盾，还会将自己的生命置于危险之中。所以，当你们在面对校园暴力的时候，千万不要与之进行正面冲突，你可以直接报告老师，让学校有关负责人来处理相关事宜，或者直接运用法律武器来捍卫自己的权益，使那些制造校园暴力的人受到相应的处罚。

另外，虽然在校园里你可能遭遇校园暴力，但有时候，你也会不自觉地制造校园暴力。特别是面对比自己年级低、年龄小的男孩子或女孩子，你可能会忍不住在他们面前耍起威风来，其实，这也是校园暴力。所以，你也不要成为校园暴力的帮凶，欺凌一些比自己弱小的学生。学校是学习的环境，不是打架、斗殴的地方；你们的任务是学习，而不是打架、制造冲突。所以，你们应该做一个称职的学生，把心思放在学习上，即便自己受到了欺负，也不要冲动，只需要运用法律武器就可以了。

第八章 远离危险禁区，青春期男孩要保护好自己

拉帮结派不参与

青春期成长事件：古惑仔电影

最近几天，坤坤强烈建议丁丁去看古惑仔电影。于是，丁丁趁着今天没有作业，打开电脑，搜索了起来。很快就搜索到了，在迅雷上分数还挺高，丁丁点开播放。这时爸爸走进来了，看着播放的古惑仔电影，也忍不住找了把椅子坐下，一起欣赏。丁丁有些不解地问："爸爸，你也喜欢看这个电影？"爸爸点点头，骄傲地说："是啊，我可是从小看这个电影长大的，每个男生心里都怀揣着一个英雄梦，而古惑仔电影正是承载着每个男生的英雄梦，红遍了大江南北。"丁丁一愣，原来爸爸小时候也是这样过的，他似乎找到了同道中人："是啊，在我们年级，有好多学生也模仿古惑仔里面的情节，拉帮结派的，好不威风。""什么？"爸爸一下子从回忆里醒了："现在的学生还在拉帮结派？丁丁，你参加没有？"丁丁摇了摇头说："没有，我觉得那样没有什么意思。"爸爸松了口气："那就好，千万不要参加那些帮派，而且也要告诫你的同学们不要参加，否则的话迟早会出事的。""嗯，我知道了。"丁丁应了一声，和爸爸看起了古惑仔电影。

第二天早上，丁丁还没有走到学校门口，就听许多学生说"前面出事了,打架了"。丁丁加快了脚步,远远地看着坤坤站在人群里,地上还有血迹,丁丁问坤坤:"出什么事情了,谁跟谁打架了?"坤坤回过神来,拉着丁丁就走:"先走吧,别留在这是非之地,今天我可看见了最真实的古惑仔,太残忍了,我们年级那几个男生与社会上的青年打了起来,没想到对方还带了刀子,那个王韬被刺中了一刀,刚才校长都来过了。"丁丁听了也觉得有些害怕,虽然古惑仔电影里面的场面让人热血沸腾,但就这样真实地出现在眼前,真是让人接受不了。

就在那天,校长就对高中生拉帮结派的事情做了处理,对十多位同学也做了相应的处罚。

送给青春期男孩的话

正处于青春期的孩子们的心理还没有完全成熟,特别容易在同龄人中拉帮结派,意气用事,酿成群殴事件。其实,同学之间在一起学习和玩耍本来是正常的,也是无可厚非的,但是,如果成群成对地在一起不学习,误入歧途,这就需要注意了。有的男孩认为,现在社会上打架的人比较多,而一个人又经常容易被人欺负,不如与同学结成帮派,联合起来,这样就不用怕别人了;还有的男孩则受了古惑仔电影的影响,觉得成立一个帮派,做一个大哥,身边有很多小弟,这是很威风的事情。于是,许多男孩在这种思想的引导下,开始拉帮结派,并单纯地认为这是够哥们儿、讲义气的行为,却浑然不知这已经为自己

第八章 远离危险禁区,青春期男孩要保护好自己

走上邪路做了铺垫。因为有了帮派，就会多了生事的机会，增加了起冲突的概率，经常是两个帮派之间因为一点小事情就大打出手，进而酿成流血事件。

拉帮结派，实际上已经构成了轻微的犯罪，这是一种非法集会，在学校、社会是不被允许的，也是严令禁止的。所以，作为青少年，千万不能因为意气用事，在同学们之间拉帮结派，称大哥、做小弟，这些所谓的江湖行为实际上很幼稚。你是一个中学生，首要任务就是好好学习，与同学之间组成学习的团队，这是非常好的，可以促进学习，互相监督，但拉帮结派去打架，这就是错误的行为。如果你继续这样的行为，只会在歧途上越走越远，最后成为同学们的反面教材，流落成一个社会上的混混，这无疑是自毁前程。另外，青少年认知能力不够，容易在帮派首领的怂恿下，干出一些无法挽回的事情，甚至做出伤人的行为，使自己后悔莫及。

所以，作为一个青春期的男孩子，需要学会明辨是非，面对来自帮派的"邀请"，千万不要参与其中，否则只会让自己在错误的道路上越走越远，没有回头的机会。

第九章 Chapter 9

锻造优秀品质，做有魅力的男子汉

青春期是每一个男孩子形成良好品质的一个非常重要的时期。在这一敏感时期，男生们可能会有点情绪暴躁，有点小小的虚荣心，做事情三心二意，有点武断，花钱大手大脚，做事情没有规划，这一切看似都是小毛病，却会影响成年以后的品质与形象。一个人的品格影响着人的一生。那么，就请在这一时期慢慢纠正自己的这些缺点，淡化这些讨厌的缺点，逐渐培养出良好的品质。学会珍惜时间，注重时间观念；懂得诚信，注重承诺，做一个有责任感的成熟男孩！

管理情绪，青春期别随意发脾气

青春期成长事件：学会做情绪的主人

今天要进行学月测试了，丁丁早上很早就起床了，拿着英语书在阳台上读了起来。丁丁的英语成绩一直处于劣势，总是拖后腿，所以丁丁虽然读着英语，心里却是焦虑不安。妈妈看着用功的丁丁，心里很高兴，忍不住夸奖道："丁丁，这次应该能考好吧。"谁不想考好呢？心里正烦着的丁丁没有吱声，妈妈以为丁丁没有听见，特意走出房间，来到阳台，问道："复习好了没有，快去吃早饭吧，吃好了，早点去学校。"丁丁"嗯"了一声，就拿着英语书进了房间。

到了学校，丁丁一边拿出考试的用具，一边趁着最后的时间背着英语单词。他眼睛紧紧地盯着英语书，也没有注意到同桌丽丽在弄墨水，丁丁一个转身，不小心碰倒了墨水瓶子，那墨水正好滴在了前些天刚买的新衣服上。原本就焦虑的丁丁看到沾了墨水的新衣服后，更加火了，他大声责问丽丽："你怎么搞的？没有看到我在这里吗？都快要考试了，偏偏弄出这样的事情。"丽丽赶紧拿出卫生纸，帮忙擦墨水："对不起啦，我以为你暂时不会转过身来，你不也没有看到我在弄墨水吗？"丁丁用手打掉了丽丽手中的卫生纸："这能擦干净吗？明知道这科是英语，还弄出这样的事情，我最烦有谁在这个时候干扰我，走开啦。"丁丁气冲冲地去了卫生间，用水滴在自己的衣服上，可越抹越黑，他气急了，用手使劲擦，可在这时，铃声响了。丁丁慌忙拿着考试用具进了考场，想静下心来，可心里还是烦闷着，整个考试过程中，丁丁都在埋怨丽丽的不小心。

考完之后，丁丁不理睬丽丽的道歉，头也不回地走了。晚上回到家，吃饭的时候，妈妈看见了丁丁衣服上的墨水，问道："怎么这么不小心？新衣服沾上了墨水？"丁丁脸色很难看地说道："又不是我想沾上去的，这能怪我吗？"爸爸准备说话，可看了丁丁的样子，又忍住了。丁丁吃完饭，就把衣服脱下来扔进了洗衣机里，一个人进了自己的房间。

送给青春期男孩的话

随着年龄的增长，社会阅历的增加，青春期男孩越来越渴望自己拥有自由的空间。在这样一个人生的转折阶段，男孩的情绪也开始变得难以捉摸。青春期男孩已经不再是小孩子了，他有了自己的想法，甚至有了自己的烦恼，不再是那个在父母呵护下的乖小孩了。生理上的变化、心理上的成长，都不可避免地成了他们情绪躁动不安的原因。随着身体上的发育，特别是性的发育成熟，青春期男孩体内积蓄了大量的能量，很容易兴奋过度，造成情绪上的不平衡。

但神经系统还没有发育成熟，不能很好地控制和调节自己的情绪。所以，在这样的情况下，如果受到某些事情的刺激，就很容易产生情绪或心理上的障碍，形成一种不良的心理，如果不能及时排解这种情绪，就会引发一系列身心疾病，影响身心的健康。

虽然这样的情况会随着年龄的增长而有所改变，容易冲动的男孩子也会变得稳重起来。但在青春期，男孩子还是需要学会管理自己的情绪，做情绪的主人。青春期男孩处于升学阶段，免不了会因为考试而出现情绪低落、焦虑失眠、惆怅郁闷等情况。那么，如何恰当地、适时地化解这些不良情绪，做自己情绪的主人，保持平和的心态，意气风发地投入学习中去呢？

增强自制能力，用理智控制情绪。可以通过自我暗示，控制不良情绪的产生。当你面对考试而紧张、焦虑不安的时候，可以反复提醒自己："沉住气，不要紧张，相信自己能行。"这样，紧张的情绪就可以缓解下来了；当你与同学起了冲突，恶语伤人，甚至想出手打人的时候，你不妨反复告诫自己："不要生气，要冷静。"这样，也可以遏制自己的冲动情绪，避免不良后果的产生。另外，你也可以选择一个人独处，尝试着与自己的情绪对话，学会接纳自己的情绪，及时改变自己的想法；也可以向父母或朋友倾诉内心的烦闷，发泄出那些不良的情绪；如果这样做还是无法排解自己内心的郁闷和焦躁，就要寻求心理医生的帮助。

第九章 铸造优秀品质，做有魅力的男子汉

摒弃虚荣心，一步一个脚印

青春期成长事件：大家都穿名牌

丁丁早上到了教室，就看见班上的男生都围着罗小松，还不时地发出赞叹声。丁丁放下书包，也上前去看看究竟怎么回事。原来，罗小松今天穿了一套新衣服，据说是从香港带回来的，看起来十分酷，上面印着大家都看不懂的符号与语言，似乎显得更神秘了。小胖眼里满是羡慕："这衣服真好看，不过，我姐姐昨天刚去了上海，还说给我带一身好看的衣服呢，昨晚我做梦都梦见了。"王翔指着自己身上穿的衣服说："有什么了不起，我这身也是最新款的阿迪达斯，花了我七八百元钱呢。"旁边的男生们都发出了赞叹声，因为他们都是普通孩子，穿的也不是什么名牌，大家悻悻地离开了。丁丁看着自己身上穿着的还是去年买的秋装，也觉得没有什么好说的。

晚上回到家，吃饭的时候，妈妈无意中提起："今年还没有给丁丁买新的秋装呢，这个周末去转转吧，买一身好看的，也不能天天都穿这身旧衣服啊。"旁边的爸爸笑道："这已经不错了，虽然是去年买的，但还是很新，也没怎么穿，我小时候，能有件完整的衣服穿就不错了。"丁丁也笑着说："爸爸，现在能跟那个时代比吗？看我们班上的同学，很多都不在这边买衣服，都从香港、上海买，全是名牌，就我还穿着不流行的衣服。"妈妈有点惊讶："呀，你们班上同学那可真有范儿，咱们丁丁可落后了。"丁丁看了看妈妈："可不是嘛，他们大清早就在那里炫耀，我都不好意思过去看。"爸爸放下了碗筷，说道："儿子，这就是你的不对了，衣服只要是干净的就行了，没有必要去计较名牌不名牌的，穿名牌怎么了，又没有比你多什么，咱买衣服，名牌的能买，不是名牌的照样穿，做任何事情都是一样，不要有攀比的心理，也不要太虚荣，那都是钱堆起来的，总有一天会塌下来，做人要脚踏实地，这样才会走得更远。"妈妈笑着说："你老爸一肚子道理，一件衣服也能搬出这么多道理来。"丁丁也笑着说："其实，我觉得爸爸说得挺有道理，这个周末咱不逛街了，一家人出去聚餐怎么样，我衣服还够穿呢。"爸爸立即响应："乖儿子，这个我赞成，这个周末就这么安排，我没有异议。"妈妈已经在旁边笑得不行了。

送给青春期男孩的话

随着年龄的增长，心理上也渐渐成熟，许多青春期男孩子意识到了自己外在形象的重要性。尤其是在与同龄的男孩子聊天中，可以发现这些现象，谁买了新衣服，谁参加了某项活动，谁的爸爸是市里的干部，谁上学放学有车接送……这些外在的东西凸显出来，形成了一种攀比心理。而那些够酷、有钱的男孩子又经常受到女孩子及老师的喜欢，因此，这样的心理落差更大了。男孩子都希望能在同学们面前炫耀自己出色的某方面，当看到那些羡慕、忌妒的目光时，自己的虚荣心就得到了满足。当然，虚荣心并没有什么错误，但如果你做任何事情，说任何话，都是为了满足自己的虚荣心理，甚至为了在人前风光，不惜谎称自己有显赫的家庭背景时，这样的虚荣就有点可怕了，不得不引起重视。青春期是个人品质形成的重要时期，小小年纪就形成虚荣心理，成年之后就更虚荣了。所以，作为一个青春期的男孩子，要脚踏实地，摒弃虚荣心理。

虚荣心是指过分爱面子、贪图追求表面光彩的不良心理，是思想作风不扎实、心理素质不健康的直接表现。有的孩子总是在同学们面前炫耀自己在物质上的富足，一味赶时髦，讲究吃、讲究穿、讲究用，甚至不顾家庭的经济情况，盲目攀比，追求名牌，这都是虚荣心在作怪；而有的孩子喜欢显摆自己的家庭背景，因为自己出身"高贵"而产生一种优越感；而有的孩子好面子，经常为了在人前显示自己的能力，不惜打肿脸充胖子。这些都是孩子们在日常生活中表现出来的虚荣心。所以，孩子，如果你觉得自己也有这方面的心理取向，需要及时反省，克制自己的虚荣心理，踏踏实实地做人。

那么，如何来克服自己的虚荣心理呢？第一，应该培养荣誉感。有了荣誉感，才会激励自己不断进取、奋发向上，但这样的荣誉感是建立在正确的荣誉观的基础之上，你要明白，穿名牌、吃大餐、坐名车并不值得你羡慕、嫉妒，这也不是一种荣誉，而学习成绩优异才是真正的荣誉；第二，要学会脚踏实地做人。无论是学习中还是生活中，凡事都不能虚假，必须实事求是，不要企图为了获得他人的肯定就胡编乱造，这样的孩子是不讨人喜欢的。

恒心第一,不可三分钟热度

青春期成长事件:三分钟热情

学校正在举办业余学习班,主要目的是提高学生的身体素质。业余班包括跆拳道、体操、篮球、足球等课程,上课时间在周末上午9~12点。当丁丁看到这个消息时,感到十分兴奋,早在初中的时候,他就想学跆拳道,可妈妈不让,后来又因为升学就耽误了,现在学校在举办学习班,那不正好嘛。丁丁拉着好朋友坤坤,一起到学校体育部报了名,高兴地当场跳了起来。

晚上回到家,丁丁兴冲冲地告诉了爸爸这个好消息,爸爸并没有显得特别兴奋,只是说了一句:"等你坚持下去再说吧。"这话减弱了丁丁的兴奋劲儿,他向爸爸保证道:"我肯定能坚持一学期。"爸爸放下报纸,说道:"丁丁,你最大的缺点就是三分钟热情,不能持之以恒。上次参加篮球训练也是,去了两次就不去了,整天待在家里睡大觉,我还真不相信你。"丁丁显得不好意思:"那篮球我觉得没有必要学嘛,我什么都会了,这次会坚持到底的,到时候,我若坚持不下去了,你监督我就是了。"爸爸笑着说:"这可是你说的,到时候别怪爸爸啰唆。""嗯。"丁丁出门准备跆拳道的服装去了。

第九章 男子汉 锻造优秀品质,做有魅力的

第一次去上课,丁丁很早就起来了,兴致勃勃地赶往学校,回来的时候似乎还意犹未尽;第二次去上课,丁丁迟到了半个小时,因为赖床;第三次上课,丁丁睡懒觉,任妈妈怎么叫,就是不起来。在厨房的爸爸看不下去了,进了房间把丁丁的被子掀开,一手拉起丁丁说:"丁丁,你给我保证的是什么?赶快穿衣服去学校。"丁丁一下子清醒了,手忙脚乱地穿好衣服,心里满是抱怨:当初真不该报名参加这个业余班,周末的懒觉都没有了。爸爸在一边说道:"被我猜中了吧,你这样是不行的,做什么事情都不能有始有终,长大了怎么办?可要把这个不好的习惯改掉,这次一定要坚持下去。"丁丁一边吃早餐,一边点点头,可是该怎么坚持下去呢?

送给青春期男孩的话

青春期的男孩子,很容易被生活中新奇的东西吸引,并愿意加入其中。但是,这样的热情往往只会持续三分钟,不能长期坚持,短时间之后就没有了兴趣,因为自己又被别的新奇东西吸引了。在这样无限的循环之中,似乎自己接触了很多新鲜的东西,却从来没有擅长哪一方面。就像丁丁一样,看见学校举办跆拳道学习班,兴奋之余就立马报名了,但是由于缺乏耐力,去了两次就不想去了。而且,自己总是有很多理由:自己不喜欢、训练太枯燥,或者身体不舒服等。然而,如果深究原因,会发现这都是在为自己的懒惰找借口,为自己缺乏恒心找借口。对于正处于黄金时期的青少年来说，锻炼自己的毅力与恒心，比什么都重要。因为学习需要的就是坚持不懈，而不是"三天打鱼两天晒网"，只有不断的坚持，才会取得成功，才会取得优异的成绩。成功只有靠勤奋与坚持不懈方可取得，并没有任何捷径可走。做任何事情都是一样的，如果刚开始就想到了放弃，那么永远都没有成功的机会。所以，作为青春期的男生，应该有意识地培养自己的毅力，切莫虎头蛇尾，有始无终。

人生路漫漫，需要的就是一种坚持不懈、认真执着的态度。而现阶段最重要的任务就是学习，学习是来不得半点马虎的，也没有捷径可以走，必须拥有持久的恒心，才会学有所获。否则，就永远只能徘徊在门外，进入不了高校的大门。学习需要持之以恒的态度，人生更需要这样的态度。也许，在学习上会遇到一些困难、挫折，这会让你感到迷茫、焦虑，甚至产生了退缩的想法。但是，在这关键时刻，千万不能退缩，不能放弃，坚持到底，你一定能采到胜利的果实。当你长大成人之后，还有很多事情等着你，请记住，每一件事都需要有始有终，这样，你的人生才会更加完美，更加绚丽灿烂。

可能现在你还没有端正自己的态度，做任何事情都是三分钟热度，不能坚持到底。那么，当你想着要放弃的时候，就要不断地给自己鼓劲："再走一步，成功就属于我了。"这样，你就会有坚持下去的动力了。不断坚持是一种永不放弃的精神，也是一种难能可贵的品质，而这正是成功所需要的。

做事有规划，才能事半功倍

青春期成长事件：糟糕的生日宴会

这个周末丁丁就满17周岁了，妈妈很早就问丁丁怎么来庆祝这个生日，丁丁兴奋地说："我要在家里开个生日宴会。"所以，这周一开始，丁丁就不断地告诉同学们，自己要在家里开一个生日宴会，希望他们能够参加。身边的同学也很高兴，期盼着这一天的到来。日子在丁丁满心的期盼中过去了，很快就到周五了，好朋友坤坤向丁丁建议："生日宴会，你爸妈在家吗？干脆咱们同龄人一起过算了，有爸妈在，感觉挺不好意思的，也放不开，可能玩得不尽兴。"丁丁听了，觉得很有道理，当即说道："嗯，好的，明天让爸妈出去玩一天，晚一点再回来。"两人边想着边兴奋着。

周六早上，丁丁就让爸妈出去玩一天，妈妈不放心地问："你能行吗？要不，妈妈给你把饭菜做好。""没关系的，我们自己会解决的。"丁丁满脸兴奋，只想着父母早点出门，爸爸也有些担心，说道："好好招待同学们，钱不够了及时给我们打电话。""嗯，知道啦，你们快出门吧。"丁丁不忘补了一句"晚点回来啊"。丁丁收拾了一下房间，又去楼下超市买了大包的零食、啤酒、扑克牌，还有一些水果，而蛋糕父母早买好了。他早早地在家里等着同学们，陆续地，同学们来了，差不多有二十多个，丁丁把所有吃的东西都放在客厅，招呼着同学喝酒、唱歌。愉快的时间总是过得很快，到了下午，大家似乎还觉得意犹未尽，有的还在唱歌，有的喝醉了在睡觉，有的在打扑克牌，有人嚷道："我好饿，有没有煮什么东西吃？"这一喊，似乎喊醒了同学们的肚子，大家都喊饿，丁丁看见已经所剩无几的东西，心里直喊糟糕，没有东西吃。正在丁丁不知道怎么办的时候，门铃响了，原来爸妈提前回来了，还带了丰盛的晚餐回来。

晚上，同学们都走了，爸爸看着丁丁笑道："今天我跟你妈妈要不及时回来，看你怎么收场，做任何事情都要有计划，否则遇到了变数，你就左右为难了。"丁丁不好意思地笑了。

送给青春期男孩的话

许多青春期男孩子都遇到过像丁丁一样的情况，做任何事情只图一时兴起，或者一时的痛快，盲目策划，事前也并没有做好充分的准备。事情的发展并没有在自己掌控之中，于是，就造成了一些不靠谱的局面，同时也打击了自己的信心。其实，做任何事情，都要有好的规划，一方面，可以确保事情的顺利进行；另一方面，好的规划也会对事情突然的变故起到预测作用，以防不备之需。因为在很多时候，事情并不像预料的那么顺利，它完全没有在你的掌控之中，这就使得你必须对这件事情做出正确的规划。若有了较为详细的规划，则可使突发事情得到妥善处理。

所以要记住，永远做一个有准备的人，因为成功只眷顾那些有准备的人。当你开始做一件事情时，就应该事先想到这件事的所有不同结果，事先做好最稳妥的规划。做任何一件事情，都要有长期的规划，并围绕这个规划持之以恒地去努力、去学习，在事情出现变化的时候，也能灵活转变思路，灵活应对一切，所以，要想成功，就永远做一个会事先规划的人。

学会在做事情之前进行规划，必要的时候，你可以把自己的规划写出来。规划出每件事情的先后顺序以及标准，这样才会使整件事情更加圆满。正确规划，不但会帮助你顺利完成这件事，而且会更加彻底地做好这件事。如果你有了很强的规划能力，那么你在做事情的过程中，失误也会大大地减少，成功会大大地增加。

培养责任感，男子汉责任第一

青春期成长事件：数学组组长

学期末倒计时开始了，班主任为了提高同学们的学习成绩，特别在班上组织了各科目的学习小组，主要是由那些各科成绩稍差的学生组成，组长则是由各科成绩的佼佼者担当。丁丁因为数学成绩优异，被老师指定为数学组的组长。班主任在班会上给几个小组长下命令："小组长的职责就是负责带动你们每一个小组的成员，让他们积极投入学习中来，期末考试成绩下来后，就知道了你们每个小组长有没有尽到责任，我期待大家都能做一个负责的小组长。"听了老师的话，丁丁觉得这真的是个艰巨的任务，感觉肩上的担子很重，看来自己以后要减少玩的时间，帮助同学提高数学成绩才行。

自从被任命为数学小组组长之后，丁丁变得不那么贪玩了，中午和下午放学时间，他都留在教室，帮助数学成绩较差的同学补课。另外，他还自己花钱买了好几本练习册，布置作业给小组成员，而自己也在晚上挑灯夜战，找出一些更容易让他们理解的解题方法。时间在忙碌的日子里过去了，很快迎来了期末考试，丁丁安抚小组成员的心情，告诉他们："相信自己，一定能考出好成绩。"小组成员在丁丁的鼓励下，信心满满地走进了考场。

期末考试之后的一堂课上，班主任老师看着丁丁那一组成员直线上升的数学成绩，当着全班同学对丁丁进行了表扬，班主任笑着说："丁丁，你有没有什么感想要跟大家分享？"丁丁不好意思地站起来说道："我只是做了我应该做的事情，这没有什么了不起的。"班主任带头鼓掌："丁丁同学是一位负责的好组长，我建议，下学期丁丁继续担任数学组的组长，带动全班的数学成绩稳步前进。"班上响起了热烈的掌声。

送给青春期男孩的话

进入了青春期末期，男孩子的生理、心理都日趋成熟，从一个小男孩长成了一个男子汉。在他们身上，也逐渐显露出了成熟男孩的素质，其中，有责任感就是最重要的表现。随着年龄的增长，心智上的成熟，男孩们就会慢慢意识到自己的责任所在了。作为一个青春期男孩，虽然没有成年男性那么多沉重的负担，但是，责任一直围绕着你。作为一个学生，你的职责是学习，那么学习就是你的责任，如果你上课迟到、早退、逃学，这都是不负责任的表现；作为一个儿子，你的职责是孝顺父母，赡养父母就是你的责任，如果你总是与父母吵架，让父母痛心，这也是不负责任的表现。人生的每一步，需要对自己负责，自己应该做的事情，要把它做好，做一个有责任感的成熟男孩子。

没有责任感的男孩子，他一定不会成为一个男子汉。因为责任感是一种来自心理上的成熟，有责任感、敢于担当，这样的男孩子才会成为受人赞扬的男子汉。另外，责任感也是每一个成功者必备的素质，当你怀着高度的责任感去生活、学习，就会表现得更加优秀、更加出色。每个生活在这个世界上的人，都有一定责任感，它将伴随着我们一生。也许现在你只是一个中学生，但以后你会是一名员工，会是丈夫，会是一位父亲，你所担负的责任将越来越重。其实，责任感在一定程度上就是成熟的标志之一。当然，责任感并不是很容易获得的，它并不一定是某一件大事情所赋予的，可能是由许多小事构成的。最基本的就是要做事成熟，无论多小的事情都能够比任何人做得更好。对于青春期男孩子来说，做事敷衍，喜欢偷懒，这都是缺乏责任感的表现，那么，现在你问问自己，都尽到责任了吗？

　　成为一个男子汉的过程并不容易。为了成为一个男子汉，首先你就要有一定的责任感。因为在这个世界上，没有哪一个人不需承担责任，相反，随着年龄的增长，肩负的责任会越来越重。从现在开始，不要害怕承担责任，下定决心，就一定可以成为一个有责任感的男孩子，也一定比其他人表现得更加出色。有的孩子自己做错了事情，就寻找借口，其实这就是不负责任的表现，一旦你也有了这样的习惯，就要想办法改掉。经常寻找借口会让你忘却责任，而一个有着强烈责任感的男孩子是不会把借口挂在嘴边的。

重视时间,要有强烈的时间观念

青春期成长事件:一次拜访

周末,丁丁还在睡梦中,就被爸爸叫了起来。哈欠连天的丁丁直抱怨:"大清早就叫醒我,我还没有睡醒呢。"妈妈看着丁丁,笑着说:"都睡迷糊了,你忘了昨晚答应爸爸什么了?"丁丁一下子清醒了,原来,昨晚自己随口答应了与爸爸一起去拜访他的大学老师。丁丁看了看挂在墙上的钟:"这才 8:00 呢,着急什么,不是约好了 9:30 吗?还有足足一个半小时呢,我再睡会儿。"丁丁正准备接着睡,被爸爸叫住了,爸爸有些严肃地说:"快点洗漱,吃早饭,穿好衣服出门,到时候迟到了就不好了。"丁丁撇了撇嘴,去了卫生间。

8:30,丁丁和爸爸一起出门了,坐上了车,丁丁在路上一个劲儿地说:"不是还早吗?你着急什么啊?"爸爸一边看着窗外的风景,一边说道:"约好了 9:30 去拜访人家,就要按时去,否则人家会以为你临时有什么事情了,而且这是起码的尊重。"丁丁有些好笑地看着爸爸:"可是,晚个 5 分钟、10 分钟,应该不要紧吧,这又不是出席什么活动,用得着那么准时吗?"爸爸回过头来说道:"丁丁,这是时间观念,我已经养成习惯了,事实上，这样的习惯非常好，我与客户见面这么多次，从来没有迟到过，所以每一笔业务都能够洽谈成功，你也要有一定的时间观念，这样才会为你赢得好感。"丁丁似乎不太明白，一个人在那里思考。

9:30，丁丁和爸爸已经坐在了老教授的家里。满头银发、和蔼可亲的老师笑呵呵的样子，十分亲切，他笑着对丁丁爸爸说："小丁，你还是这么守时，跟在大学的时候一样，一点都没有变，老伴儿也知道你这一习惯，所以按你来的点，准备午饭。"爸爸笑了："多少年了，早就成为习惯了，心里老是有个声音提醒我，不能迟到，不能迟到。"丁丁和老师都笑了起来，丁丁也终于明白了守时的重要性，看着满脸笑容的爸爸，不禁开始对他萌生了敬佩之情。

🔔 送给青春期男孩的话

青春期的男孩子往往会出现这样的情况：做事拖拖拉拉，有多长时间就会磨蹭多长时间；经常忘记了与别人约定的时间，四处闲逛，等到想起来的时候，别人已经在那里等了很久；不按时赴约，经常迟到，总觉得迟到一会儿没有关系；即使在暑假这么长的时间里，也不会合理运用时间，要么在家睡一天，要么出去玩一天。总的来说，许多青少年没有良好的时间观念，不守时、不珍惜时间，根本没有感到时间的紧迫性。或许在很多时候，年纪尚轻的你们认为，时间对于你们来说还有很多，可以任意挥霍。其实，这样的想法是错误的。拥有良好的时间观念会为你赢得不少好感，因为在某种程度上，它会促使你做事条理化、规范化，还会提高你的做事效率与质量。良好的时间观念，会成为你走向成功的有力助手。

  在学习中，你们经常会听老师说："时间就是生命，时间就是金钱。"这是为了教导你们珍惜时间，合理利用时间。也许，你心里会感到不屑，但事实就是如此，当你还在呼呼大睡时，别人已经在温习功课了。正确对待时间、珍惜时间，它也会给予你回报的。当考试临近，你觉得时间不够用，而别人还有空余的时间去散散步；考试成绩下来，你在心情焦虑中迎接考砸的成绩，而别人则在心平气和中迎来优异的成绩。这就是因时间观念不同而产生的不同结果。有时候，时间是友好的，可有时候，时间却是残酷的。随着年龄的增长，你会觉得时间过得越来越快，自己总是被时间甩在后面，成为时间的俘虏。那么，为了不被时间掌控，从现在开始，就有意识地培养自己的时间观念，做一个与时间赛跑的人。

  良好的时间观念，并不只是简单地珍惜时间，还包括尊重时间、守时以及合理利用时间。时间是一个很奇怪的东西，你挤它就会有，就如同海绵里的水，源源不断地从缝隙中流淌出来，汇成一条小溪。所以，当你发现自己的时间比较紧迫时，不如挤挤时间。当然，珍惜时间并不是让你没日没夜地学习，甚至牺牲了休息的时间。你要学会合理利用时间——学习时间、休息时间、吃饭时间、运动时间，这时你会发现每天都是满满的，每天都过得很充实。

诚信是立世之根本

青春期成长事件：言必行

吃完晚饭，爸爸对丁丁说道："今天该你洗碗了。"丁丁目不转睛地盯着电视，不相信地问："不会这么快吧，今天才星期几啊？"爸爸拿着茶几上的日历本，翻着给丁丁看："今天星期五了，轮到你洗碗了，赶快去洗碗。"丁丁还是挪不开脚步，看着好看的电视节目，他笑着说："今天你和妈妈看谁先洗了吧，明天晚上补回来，这电视特好看，我今天不愿动了。"爸爸拍了拍丁丁的头："这小子，明天可不许耍赖，今天我先去洗了。"说完，就开始收拾餐桌上的碗筷了，丁丁看了看爸爸，心里想着，明天晚上再说，能赖就坚决赖掉，我可不愿意碰那油腻腻的东西。

第二天晚上吃过饭，丁丁就进了书房，爸爸叫住丁丁："今天晚上你洗碗，昨晚可是说好了的。"一边的妈妈也附和道："嗯，就是，我可以作证。"丁丁故意愁着一张脸："可我的作业还没有完成呢，爸爸，今天你就再帮我洗了吧，才三个饭碗，一会儿就洗完了。"爸爸看着他说："就是，这么简单的活怎么劳烦父亲大人呢，快去，说过的话就要做到，你以为我不知道你是在为自己的懒惰找借口？"丁丁求饶道："真的不是，我真的有作业。"

爸爸紧逼不放："丁丁，可要讲诚信哦，你现在可是男子汉了，怎么不讲信用呢？"丁丁一脸无辜："洗碗与诚信有什么关系？"爸爸解释道："千万不要以为这只是一件小事，这可以看出你的信用。这是你昨晚答应的事，所以，赶快去洗吧。"丁丁知道自己说不过爸爸，哭丧着脸去了厨房，身后传来爸爸的声音："我可是为了你好，养成好的习惯，对你以后很有帮助，凡事从小事做起。"丁丁撇撇嘴，开始洗碗了。

送给青春期男孩的话

小时候，因为是孩子，所以不用顾及自己说过什么，甚至可以耍赖，向父母撒娇，对于自己说过的话，也可以蛮横地不承认，这时候，父母会袒护你，不跟你计较。但是，随着慢慢长大，你所说的每一句话、所做的每一件事情，开始有了分量，父母、老师、同学都在关注着你的一举一动。说出的话，如果没有付诸行动，就会有人来提醒你；该做的事情，如果没有按时去做，也会有人来不断地叮嘱你。所以，这时候，你明白了，自己再也不能像小时候那样赖皮了，自己已经是男子汉了，不能再耍小孩子气了。你要开始明白诚信的重要性，上学的时候，经常会看到"言必行，行必果"这一句名言，但到这时候，你才会真正地理解它的意思，自己说出的话要守信，要做的事情一定要办到。这看似很简单的一句话，却很难做到。青春期的男孩子，经常会因为一时的冲动而许下诺言，却常常不付诸行动，有时是因为懒惰，有时则是因为有畏难情绪，所以，经常会被同学、父母说成是一个不讲信用的人。

事实上，在青春期这一重要时期，你们身上的某些品质开始逐渐形成，并且会影响成年后的行为。所以，诚信对于你们来说，是相当重要的，在这一时期，学会克制自己的懒惰和畏难情绪，做一个诚信的人，这会使你更加受欢迎。生活中处处需要诚信，诚信是做人的根本。如果一个人没有了诚信，那么他也不会得到别人给予他的信任。人与人之间的交往是建立在信任的基础之上的，假设你经常说话不算话，那么，你的父母、老师、朋友就会消减对你的信任。而成年之后的你，将无法在社会上立足，处处不被他人所信任，那根本就是一个失败的人生。

所以，孩子，无论做什么事情都要讲诚信，因为诚信对于你们来说很重要，它是你一生的财富。生命不可能在谎言中开出灿烂的鲜花，因此，你在说话做事的时候，要时刻提醒自己，"这是自己说出的话，就一定要做到，答应朋友的事情一定要办到。"当你在父母面前保证自己再也不逃课的时候，是否也在心里铭记了自己的话语；当你答应朋友周末陪他打篮球，你是否把这件事记在了自己的时间安排表上。如果你老是觉得自己还只是个孩子，凡事没有必要那么认真，那么你已经逐渐在透支自己的信用了。也许，做一个诚信的孩子，看起来似乎很困难，但只要你时刻提醒自己：一定要遵守自己的承诺，要讲信用。反复地提醒自己，不断地告诫自己，你就慢慢养成了讲诚信的好习惯，而这一习惯会让你终身受益。

第十章

经营友情，做受人欢迎的阳光少年

随着年龄的增长，青春期男孩的交际范围开始慢慢扩大，这时候，就需要学会如何与人交往。有时候，男孩子由于羞涩，或者是出于对陌生人的恐惧，在与他人进行交往时，显得局促不安，开不了口，导致自己与人交往失败。实际上，作为一个阳光少年，只要你掌握了恰当的方法与技巧，就能够在人际交往中应对自如。如：对待他人有礼貌，可以获得他人的好感；不以貌取人，有些人，表面上不起眼，实际上却很有内涵；除了平时的学习生活，还要多参加一些聚会；与同学友好相处，结交益友；感谢学习上的竞争对手，让自己越来越强大；与老师交心，成为忘年交；学会换位思考，跨越与父母之间的代沟；等等。

"礼"多人不怪,礼貌待人

青春期成长事件:以礼服人

周三开家长会,丁丁早早地就在校门口等着爸爸了。早上9:30,离开会时间还有半个小时,爸爸出现在了校门口,他一向这么准时的,丁丁带着爸爸向教室走去。一路上,遇到了许多同学的家长,丁丁都很大方地向同学介绍自己的爸爸,另外,他还很有礼貌地向同学的家长喊了"叔叔""阿姨"。爸爸看着热情的丁丁,心里很欣慰,他并没有因为是陌生人而忘记了最基本的礼仪。到了教室,丁丁安排爸爸坐在了自己的座位上,又忙着出去帮忙给各位家长倒茶,再一杯杯地送到家长手中。一会儿老师来了,丁丁对爸爸做了个鬼脸,就出去了。

家长会大约开了1个小时,主要是针对孩子的学习问题。散会后,爸爸带着丁丁在走廊上等着老师,爸爸想跟老师打听一下最近丁丁的学习情况。过了好半天,老师才出了教室,他对丁丁爸爸说道:"您来了,谢谢您在百忙之中来参加这次的家长会。"丁丁爸爸答道:"这是应该的,以前都是丁丁妈妈来,我这是第一次来,还希望您能见谅,主要是工作太忙了。"老师笑着说:"没有关系,丁丁很听话,成绩不错,也很有礼貌,在学校碰到老师都主动热情地打招呼，刚才还帮忙给各位家长倒茶，越来越懂事了。"这几句话夸得丁丁都有些不好意思了，爸爸心里虽然高兴，但嘴上还是说："哪里哪里，这还要谢谢老师。"这时，旁边过来个家长笑着说："是，这孩子很懂礼貌，上次去我家，一个劲儿地叫叔叔，真讨人喜欢。"丁丁一看，原来是小胖的爸爸。于是，两个家长与老师开始交谈起来。

晚上回到家，爸爸当着妈妈的面，说了丁丁在学校很懂礼貌的事情，妈妈有些惊讶："丁丁在家里没大没小的，没想到在学校还这么懂礼貌。"丁丁有些骄傲地说："那当然，我这也是以'礼'服人。""哈哈……"爸爸大声地笑了起来。

送给青春期男孩的话

孩子，从小就教导你们，要尊敬师长、尊重长辈，做一个讲文明、懂礼貌的学生。但是长大后，自己的言行举止却渐渐偏离了这个轨道。曾几何时，你学会了满口脏话；曾几何时，你见到了老师就绕道而行，只是为了不说那句"老师好"；曾几何时，不再满大街地找垃圾桶，而是随手把垃圾扔在地上。你已经不再是那个讲文明、懂礼貌的学生了，取而代之的是一个举止粗鲁、说话随便的小混混。

中国自古就是一个文明之邦，从古至今，人们都认为礼仪是一个人最基本的素质之一。所以，在很多时候，人们判断一个人是否值得信任，是否有锦绣的前程，都是依据他言行中表现出来的礼仪。虽然你们从小就接受了文明礼仪的教育，甚至有的孩子可以滔滔不绝地大谈中国文明礼仪的历史，但遗憾的是，在实际生活中，却经常做出一些不文明、不礼貌的事。有的孩子面对老师，因为不好意思，从不主动开口打招呼；有的孩子听老师讲话，东张西望，不屑一顾；有的孩子出口就是污言秽语。父母看到这样不懂礼貌的孩子，一定很痛心。因为通过一个人是否知礼仪，可以看出他是否有良好的修养，一个有礼貌、有修养的孩子不仅会获得大家的喜爱和欢迎，还是父母的骄傲。如果你是一个彬彬有礼的男孩子，一定会受到长辈、老师的喜欢，也会成为同学们学习的榜样。

每个男孩子都希望受到大家的喜欢，获得他人的好感，实际上，当你还在冥想怎么去做才会受到大家的喜欢的时候，你却忽视了最基本的东西，那就是有礼貌。如果你在不断地接受文明礼貌的教育，却一直吝于付诸实际行动，那么，就从现在开始吧，从自己的言行上下功夫，告别不文明的行为，做一个有礼貌的好孩子吧。

那么，应该怎么去做呢？首先就是需要培养自己美好高尚的心灵，文明礼貌虽然是外在的行为，却是内在思想和情感的自然表露。真正有礼貌的人，都拥有崇高的修养及美好的心灵。另外，在实际生活中，还需要规范自己的言行举止：谦虚礼让、谈吐文明、举止端庄、讲究卫生。只要能把自己的礼仪知识融入生活之中，你就会成为有礼貌、有修养的男孩子。

第十章 经营友情，做受人欢迎的阳光少年

一视同仁地对待"不起眼"的人

青春期成长事件:"不起眼"的园丁

中午休息,丁丁一个人走在校园里,无意间看见花园里有一个老人正坐着休息。他走了过去,只见老人满头银发,但身体却显得十分硬朗。丁丁坐在他旁边,那老人也回过头来,微笑着对丁丁说:"孩子,还没有上课呢?"丁丁点了点头,看了看老人身上很普通的穿着打扮,他猜想其可能是一位园丁。老人看着丁丁紧皱着眉头,慈祥地说:"孩子,遇到了什么麻烦吗?能说给我这个老头子听听吗?"丁丁心里觉得好笑,但还是很有礼貌地说:"没有什么麻烦,只是无聊而已,再说,有些事说了你也不懂。"老人笑了,看着花园里盛开的花朵,说道:"你们就像这花朵一样,娇嫩着呢,需要我们来关爱。"丁丁也笑了:"老爷爷,你是这里的园丁吗?"老人先是一愣,后来也笑了:"园丁?对,我就是园丁,守护着花儿的成长。"丁丁和老人有一句没一句地聊了起来。

周一的升旗仪式上,听说新来的校长会讲话。丁丁和坤坤在下面悄声地讨论,新来的校长到底长什么样子。正在猜测的时候,校长已经站在了主席台上,丁丁循声望去,觉得那身影很眼熟。

定睛一看，原来是那天与自己在花园里聊天的那位老人，自己还以为他是个不起眼的园丁呢，没想到是新来的校长。听着新校长那浑厚的声音，丁丁实在没有办法把这位校长与那位老人联系起来。

早读课上，校长到每个班上检查同学们的学习情况，来到了丁丁所在的班级，正碰上丁丁往外冲。看着校长那慈祥的目光，丁丁脸红了，慌忙说了声："您好！"就走开了。

送给青春期男孩的话

每天，你们都会遇见一些看似不起眼的人，他们穿着打扮普通，长着一张"大众脸"，言行举止也与常人并没有什么不同。你会不自觉地贬低对方，甚至觉得自己在对方面前会高人一等，在语言上、行为上都显露出瞧不起对方的意思。其实，这样来辨别一个人是错误的，也是十分不恰当的。因为有时你就会遭遇丁丁一样的情况——以为老人是一个再平常不过的园丁，原来是新来的校长。而当时如果丁丁表现出轻视老人的行为，那么，到时候又该如何收场呢？青春期的男孩子，随着认知的不断加深，从父母、老师那里也获取了一些知识，他们以为自己已经有了一定的辨别能力，并且对此深信不疑。有的孩子会以貌取人，认为长得一副和善面孔的就一定是好人，而那些眉眼间露出精明的人则一定是坏人；有的孩子还会以穿衣打扮来辨别对方——穿着一身名牌的就是有钱人，穿着普通的就是平常人。其实，这样的识人方法都是不恰当的，只是从表面上来辨别一个人，而不是从深层次来判断对方，得出的结论未必准确。

所以，在日常生活中，千万不要小看那些"不起眼"的人，因为权力、金钱、知识并没有特别地在每个人身上作标记。你应该明白，那些看似不起眼的人，很可能就是有成就的人。这也教会你做人的道理，即使自己成功了，也没有必要处处炫耀，只需要一如既往地做好自己的事情就行了。而且每一个人都是平等的，没有必要看不起那些不起眼的人，或者故意亲近那些卓有成就的人。无论对方处于什么样的地位，都要以礼相待，宽厚待人，这是做人最基本的原则之一。

青春期男孩即将长大成人，就快要步入社会了，日常的人际交往是非常重要的。不要以"有色眼光"看人，这样会把自己置于一个孤立无援的境地。人生中所遇到的每一个人，都要友好地对待，不要瞧不起任何人，因为有一天他也有可能会瞧不起你；也不要讨好任何人，因为人活着是有自尊的。

积极交往，多参加有意义的聚会

青春期成长事件：一次聚会

丁丁参加了市里举办的数学竞赛，获得了二等奖。就在前天晚上，丁丁意外地接到了数学老师的一个电话，数学老师告诉丁丁，周末在学校有个聚会，聚会的人员包括这次竞赛的全部选手，还有一些研究数学的专家。老师希望丁丁也能够去参加这次聚会，这会对以后的学习有所帮助。丁丁还在犹豫，爸爸点点头说："去吧，这样的聚会比较有意义，爸爸赞成你去。"丁丁拿着听筒，对数学老师说："那好的，到时候我一定去。"放下了电话，丁丁坐在沙发上，爸爸对丁丁说："你应该多参加这样的活动，这样的活动十分有意义，会让你学习到很多东西，更重要的是能结识许多老师和朋友，这对于你以后的交际是很有帮助的。"听了爸爸的分析，丁丁也觉得很有道理。

周末晚上，丁丁如约来到了学校，参加了聚会，他在聚会现场看到了许多与自己同龄的学生，还看见了同校高三年级的数学佼佼者。丁丁怀着激动的心情，试着与他们打招呼，没想到在丁丁开口之前，那位高三年级的学长就主动跟丁丁说话了："你是丁丁吧，你现在的数学老师也是我的数学老师，他经常说起你，说你很有数学天赋,果然,你这次数学竞赛表现不错。"丁丁有些不好意思地说:"我的成绩一般了,比不上你,以后还希望你多多指教呢。"那位学长爽快地说:"没问题,我比你大,你以后就叫我哥哥吧。"说完,把自己的手机号码留给了丁丁。丁丁还沉浸在激动的心情之中,数学老师带着一位年轻人过来了,他给丁丁介绍:"丁丁,我下个学期就要去国外进修了,这位是你们新的数学老师,曾经也是我的学生,跟新老师打个招呼吧,以后就是他来辅导你的数学了。"丁丁向那位年轻人问好:"老师,您好。"那位年轻老师笑着对丁丁说:"我听老师说起过你,早就想见你这位数学天才了,教导算不上,以后我们互相学习。"几句话说得丁丁脸红了,后来,在老师的介绍下,丁丁与知名的数学家握手了,大家还在一起合影。整个聚会下来,丁丁虽然感觉到自己快应付不过来了,但还是觉得很值得。

送给青春期男孩的话

作为一个青春期男孩子,应该学会拓展自己的交际圈子,除了班上的同学,还要结交一些新朋友,这样对于你日常的人际交往很有帮助。那么,如何通过合适的机会去认识一些朋友呢?参加有意义的聚会就是一个最合适不过的方法了,在聚会里,你可以随意地与陌生人打招呼,进行亲切的交谈,甚至与其成为好朋友。这不仅可以拓展自己的交际圈子,还可以锻炼自己的交际能力。许多孩子都有与陌生人打招呼的恐惧感，害怕与陌生人打交道。但是，在这个世界上的每一个人，都不是独立存在的，大家都生活在一个交际的圈子里。这就决定了你不得不尝试着与陌生人打交道，甚至与陌生人成为朋友。

而聚会无疑是一个最佳的场所，这里气氛比较活跃，容易激起人们聊天的欲望。而聚会本身就是一种社交的活动，通过参加有意义的聚会，可以结识一些新的朋友，学习一些新的知识，这是非常有益的活动。

那么，也许你会问，什么样的聚会是有意义的呢？

这就主要是看聚会的性质了，如果你只是和几个朋友一起去酒吧玩耍、去KTV唱歌、一起去吃饭，就不算有意义的聚会，只能算平常的聚会。那些真正有意义的聚会，是可以让你从中有所收获的，能让自己受益的。比如，学校组织的夏令营，这就是有意义的聚会，通过参加夏令营活动，既锻炼了自己，也增进了与同学之间的友谊。这样的聚会其实很多，书法爱好者聚会、地质爱好者聚会、数学爱好者聚会等，这些蕴涵着浓浓的知识韵味的聚会，无疑会让你受益匪浅，也可以拓展自己的交际圈子，认识一些有着共同爱好的朋友。

所以，当你在学习之余，不要错过参加一些有意义的聚会。在聚会里所收获的绝对不比你在学习中所得到的少，另外，在聚会中要有意识地培养自己的人际交往能力，这会使你成为一个人际交往的高手。在你以后的人生中，游刃有余的交际能力会不断地帮助你获得成功。

学习合作,获得双赢

青春期成长事件:互帮学习小组

班会课上,班主任针对这次的考试成绩做了简单的总结,随后就说道:"看到你们各科成绩参差不齐,我与其他几位任课老师商量了一下,决定在班里成立互帮学习小组,也就是两个人组成一个小组,互相帮助,共同提高学习成绩。"同学们听了,都觉得这个想法很新奇,老师不容大家讨论,就开始分起了学习小组,丁丁和丽丽是一个学习小组的,这主要是因为丽丽的英语成绩好但数学成绩差,而丁丁的数学成绩好但英语成绩差,彼此可以互补。

刚开始,丽丽和丁丁都没有把学习小组当回事,还是各学各的,结果分组之后的一次测试出来,其他人的成绩都有所提升,唯独丁丁与丽丽的成绩不但没有提高,反而有所下降。班主任把丽丽与丁丁分别叫到了办公室谈话,从办公室里出来,丁丁不禁重新思考了老师的话——"互相合作,达到双赢"。数学课上,丽丽主动向丁丁问了个问题,而丁丁也放下了平时那张嬉皮笑脸的面孔,耐心地给丽丽讲起了数学题。丽丽看着丁丁这么认真,也毫无保留地把自己的英语学习方法告诉了丁丁,于是,两个人互相帮助，彼此都进步了不少。

又一次测验之后，丁丁的英语成绩提高了，丽丽的数学成绩也提高了。丁丁和丽丽一起欢呼起来，看来老师说得真是不错。班会课上，班主任当着全班同学的面表扬了丁丁和丽丽的学习小组，丁丁代表学习小组发表了感想，他说："刚开始的时候，我并不太相信互帮学习小组的效果，可是，老师找我谈话之后，我觉得我们可以试试，结果收获了很好的效果，就好像我们班上的篮球队，大家齐心协力，前锋、中锋、后卫配合得滴水不漏，所以才能够获得最后的成功。"班主任带头鼓掌，并赞扬道："丁丁同学不仅认识到合作的重要性，还能引申到篮球赛中，很有活学活用的能力。我还要告诉同学们，这样的合作会伴随着你们的一生，以后你们还会经常用到的。"丁丁若有所悟地点点头。

送给青春期男孩的话

作为一个青春期的男孩子，应该学会与他人合作，达到双赢的效果，这是一种智慧，更是一种重要的处世之道。但是，在现实生活中，很多男孩都是独生子，在家中是"小皇帝"，家庭里优越、纵容的环境促成了他们狭隘、自私，不善于与人合作，也不愿意与他人分享成功的心理。这样一种心理表现在学习上，就是"以自我为中心"，同学之间互相"挑刺"，互相埋怨，甚至对同学的成功萌发出嫉妒的心理。但是，随着社会的发展，对人才的要求越来越高，作为新时代的接班人，你们更应该学会与人合作，这样才能实现自己的目标，实现双赢的局面。

俗话说："红花虽好，也要绿叶扶。"一个人的本事再大，也是十分有限的，只有依靠大家合作的力量，才能最终赢得成功。合作其实很简单，不过是大家把各自的成功经验分享给其他人，而彼此都能在分享中获得益处，一起做好事情。合作非常重要，如果你拥有了合作的精神，你就会很快地适应这个集体，并发挥出积极的作用；如果你缺乏合作精神，那么你会举步维艰，难以成就大事。现在所面对的社会是一个充满了竞争的社会，但同时也是一个更加需要合作的社会。作为即将成年的你，只有学会了与人合作，才能取得更大的成功。你可能在历史书上了解了秦灭六国的故事，六国联合一破裂，就逐一被秦所灭了。"1+1>2"，这是一个神奇而又合乎情理的道理，一旦被掌握和运用了，就能够产生巨大的推动力。学会与他人合作，心中想着别人，想着集体，有自我牺牲的精神，那么你就是成功的合作者。

感恩对手,对手让自己不断蜕变

青春期成长事件:我的竞争对手

上周的数学考试之后,丁丁偶然听到了隔壁班转来了一个新同学,据说是一个数学高手。丁丁突然觉得自己第一的位置受到了威胁,以前丁丁可是整个年级的"数学王子",每次都稳拿第一名。而这次考试,居然还有另外一个高手,丁丁有点担心。在考试后,他就去找数学老师,查看了自己的分数,果然,那位新生的分数比自己多了一分,虽然只是一分之差,但永远数学第一的丁丁却位居第二名了。丁丁很泄气,很想认识一下那位传说中的数学高手。

路过隔壁班的时候,坤坤指着那个戴眼镜的高个子男生,悄声对丁丁说道:"那就是这次考第一名的家伙,看起来很秀气,没想到这么厉害。"丁丁认真看了他两眼,回过头对坤坤说:"我现在可有对手了,得加把劲了,下次考试把第一名夺回来。"坤坤不由得向丁丁竖起了大拇指。从这次考试之后,丁丁把自己的学习计划做了修改,腾出了一些时间来复习数学,除了自己买练习册来做,还在数学老师那里拿了几本高难度的练习题。

很快又迎来了学月考试,经过了一个多月的辛苦与努力的丁丁信心满满地进入考场。交了卷子后，丁丁感觉这次拿第一应该没问题。他走出了教室，正看见隔壁班那个戴眼镜的高个子男生趴在栏杆上，丁丁笑了笑，没有理睬。而那位男生却主动打了个招呼："你就是丁丁？"丁丁自豪地点点头，那个男生笑着说："果然厉害，名不虚传，我知道你已经夺回第一名了。"丁丁有点不好意思地笑了笑，那男生接着说："但是，你千万不要有骄傲的情绪哦，我随时都在你后面，等待着你松懈的时候超越你。"听了这话，丁丁一愣，那男生说道："吓到你了？其实，你应该感谢我，有了我的存在，才会促使你不断进步。"说完，就走了，留下丁丁呆呆地站在那里。

送给青春期男孩的话

处于学习阶段的你们，已经逐渐意识到对手的威胁性了。本来自己的成绩可以说是全班第一名的，可是对手的到来，威胁到自己第一名的位置，他时时窥视第一名的位置，稍不小心，就把你的第一名夺去了。很多时候，你们都对他们感到既爱又恨，恨他们的存在，无形中给你很大的压力；但又感谢他们的存在，是他们让你获得了更大成功。其实，在每个人的身边，都有那么一两个对手，他们妨碍你考试得第一，妨碍你在比赛中取得胜利，妨碍你在篮球赛里突破，妨碍你一步步向目标前进。也许，有时候你会觉得，假如没有他们，没有了对手，你就已经是一个强者了。事实上，你错了，正是因为他们的存在，你才变得比过去强大，为了保住第一的位置，为了超过他们，你付出了更多的努力与汗水，即便你没有获得成功，但你确实比以前强大了不少。今天，你只是碰上了学习上的对手，明天，你还会遇到工作中的对手、人生中的对手。在人生旅途中，还会遇到不同的对手，对手就像是生活中的调味剂，少了他，生活就会寡然无味。所以，学会感谢对手，是他们让你变得更加强大。

如今，竞争充斥着社会的每一个角落，你们根本不能拒绝对手的出现，事实上，正因为对手的出现，你们才会更快地成长。感谢对手！他们让你们变得更加成熟，明白了自己该做什么，更明白了该如何坚持下去。感谢对手！他们让你学会了思考，更加清楚地认识自己。感谢对手！他们让你品尝到失败的滋味，更加懂得勤奋、努力地学习，成功成了你追求的目标。感谢对手！他们让你变得更加强大。对手，从表面上看是你们身边的威胁，实际上，他们在你们身边却换着亦敌亦友的角色。对手就像是助推器，迫使你不断地进步，每天你都在思考怎么超越他、打败他，为了这个目标你不断地进步；对手也像镜子，毫不留情地利用你的缺点加以进攻，但这却可以帮助你纠正缺点，完善自我；对手更像是一座警钟，他会时刻提醒你，无论你取得了多大的成就，他都会紧追不放，你要时刻保持警惕，不能有骄傲的情绪。

也许在这一刻，你还在为对手而烦恼，但下一刻你就要感谢对手了。无论是在今天的学习中，还是在以后的工作、生活中，谁都有可能会遇到对手，谁都渴望遇到对手，不管你成功与否，都不要忘记了感谢你的对手，因为是他们和你一起赛跑、一起追逐、一起较量，最后一起腾飞。

沟通想法，老师是你的第二个家长

青春期成长事件：我与语文老师的磕磕碰碰

自从上次语文课上被老师撕书之后，丁丁收敛了很多，特别是听了好朋友坤坤的劝告之后，丁丁意识到自己做错了很多。所以，在那以后的每一节语文课上，丁丁都十分认真地听课，偶尔触碰到语文老师的目光，丁丁也会不好意思地低下头。而奇怪的是，那天虽然语文老师发了那么大的火，却没有向班主任老师告状，丁丁觉得语文老师很有人情味。每次语文老师布置的作业，丁丁也认真完成；上课语文老师提问，丁丁也高举着自己的右手，老师也似乎早忘记了之前的不愉快，点名丁丁起来回答问题，针对丁丁的答案，还会一一分解，对于说得好的给予表扬，对于说得还不到位的，老师则委婉地指出来。

就这样相安无事一个月之后，期末考试来临了，丁丁本来语文底子就不错，这段时间学习又很认真，语文居然考了全班第二名，这不禁让同学们很惊奇，连班主任也觉得不可思议。快放假了，语文老师让课代表叫丁丁去了办公室，丁丁心里忐忑不安，不知道语文老师找他有什么事情。他来到了办公室，看见语文老师正在整理资料，他怯怯地叫了一声："李老师，您找我？"语文老师点点头，示意丁丁坐下来。语文老师递过来一本书，那是一本崭新的漫画书，丁丁很惊讶，老师笑着说："这是给你成绩进步的礼物，我中学的时候也很喜欢看漫画书，如果你想看，可以到我家来借阅，我随时欢迎。另外，我还送了两本小说给你，希望对你的作文有帮助。"丁丁慌乱之中直说："谢谢您，老师。"语文老师微笑着说："过去的就让它过去吧，我知道你是个聪明的孩子，以后把精力多花在学习上，老师祝你假期愉快。"丁丁脸红了，想起以前对老师的不尊重，连忙站起来给老师鞠躬说："对不起，老师。"老师摇了摇头，说："没关系的，我的脾气也火暴了些。"丁丁大胆地问了一句："老师，那我可以向你借漫画书吗？"语文老师点点头，丁丁兴奋极了。

送给青春期男孩的话

许多孩子在中学阶段都会感觉到老师是难以亲近的人，有的孩子觉得老师很严肃，总是不苟言笑；有的孩子觉得老师很讨厌，常常限制自己做这做那。所以，即便是与老师相处了三年，也会觉得老师是高高在上，不是与自己站在一起的。其实，在很多时候，你们只是把老师当作了教育工作者，而没有把老师当作朋友。从小到大被教导着要尊敬师长，所以觉得既然对老师要尊敬，自然不可以与老师平起平坐，成为无话不谈的朋友，而且你们总是觉得老师处处与自己作对，怎么会与老师成为朋友呢？事实上，通过丁丁的故事，你们应该明白，原来老师也不过是个普通人，在那张严肃的面孔下，也有着一颗柔软的心，所以，你们与老师之间是可以成为忘年交的，是可以成为好朋友的。

有的男孩子结交朋友只限于自己的年龄层，只与那些同自己年纪相仿的孩子交朋友。实际上，朋友是不分年龄和阶层的，你除了与班上的同学结交朋友，也可以和老师成为朋友。固然同龄的朋友会多一些共同语言，却无法为你的人生出谋划策。但老师就不同了，他们经历的岁月比较长，对社会有了很深的认识，对人生也有了许多总结，他们终究是过来人。在人生的道路上，如果有一位老师作为自己的朋友，那就像是为你多准备了一根拐杖，时刻支撑着你，给你生活的信心。当你在人生的路途中遇到了挫折，他们会给你莫大的帮助；当你在人生的十字路口徘徊，他们会给你中肯的建议；当你获得了成功，他们会由衷地感到自豪。与老师成为忘年之交，你将受益一生，因为在某种程度上，老师成了你人生的引路人。

换位思考，跨越亲子间的"代沟"

青春期成长事件：与父母的一次交谈

假期到了，丁丁把作业写完后就陷入了无聊之中，整天在电脑上与表哥聊天。昨天晚上，表哥邀请丁丁去他那里玩。丁丁兴奋之余把这个消息告诉了妈妈，妈妈笑了笑说："别去，去了给你表哥添麻烦。"丁丁却执意说："我真的想去，在家里待着好无聊，再说，我也这么大了，可以一个人出去走走了。"妈妈有点生气："这么多个假期都过来了，怎么没有听见你说无聊，现在不能去，你小小年纪，怕你上当受骗，等你长大了，爱去哪里就去哪里。"丁丁看着妈妈坚定的表情，心里充满了失望："长大了，总是说长大了，可我现在已经长大了。"妈妈拿着东西出去了，根本没有理睬他。

晚上，全家人一起吃饭，丁丁鼓足了勇气，再次向爸妈说道："表哥让我去广州玩，我想去，你们答应我吧。"爸爸看了看丁丁："你表哥什么时候跟你说的？"丁丁有点兴奋："昨天晚上！爸爸，你答应我去吗？帮我说服妈妈。"妈妈脸色不好看："我是不许你去的，这个假期，你哪里也不许去。"爸爸温和地说："你表哥今天给我打电话说了这件事情了，他说让你出趟远门，锻炼锻炼。"听了爸爸的话，丁丁心里又燃起了希望："是啊，我这个年纪也不小了，该懂的我都懂，出去锻炼一下再好不过了，妈，你就让我去吧，我手机24小时开着，你想我了，就打电话给我，我有什么事情也会打给你们的，表哥说他会在火车站接我，你们把我送上火车就可以了。"妈妈没有吱声，丁丁又说道："我知道你很担心我，可是我已经不是小孩子了，我已经长大了，上次你的脚扭伤了，我还照顾你呢。"爸爸也跟妈妈说："你也知道丁丁，挺聪明的孩子，一定不会轻易上当受骗的，他表哥也再三保证会好好照顾他，就让他去吧，就当成一次成长的机会。""是啊，经过这次我就完全是男子汉了。"丁丁也附和道，妈妈叹了口气："真说不过你们父子，去是可以，但千万要注意安全，否则下次就没有这么好的机会了。""耶！"丁丁跳起来，忍不住抱了妈妈一下。

送给青春期男孩的话

　　小时候，你什么都听父母的，做任何事情都与父母商量，可是随着年龄的增长，你步入了青春期，说话做事总是与父母作对，不知不觉与父母之间有了一条难以逾越的鸿沟。父母埋怨儿子越大越不听话，而你却总觉得父母限制了自己的自由，管事管得宽，自己好像已经没有了自由。面对这样的情况，如果不及时改善，就会使你与父母之间的关系破裂，感情越来越淡漠。虽然这样的情况只是出现在青春期,但也会影响你今后与父母之间的关系。因此,当你感觉已经与父母有了隔阂时,那么不妨进行换位思考,跨越与父母的代沟,与父母成为无话不谈的朋友。

你慢慢长大了,许多看法与父母产生了分歧,父母认为很珍贵的东西,你却常常不屑一顾,而你认为很重要的东西,父母却不是很在意。其实,所有的父母都是一样的,他们都希望把最好的东西留给自己的孩子,但有时候,作为孩子的你们却不认为那就是最好的,这就是你与父母之间的价值冲突,也是代沟产生的原因之一。另外,处于青春期的你们,生理上的成长本能地赋予你们心理上的反抗,而这样的反抗本能地促使你渴望独立。但面对着你们的成长,父母却难以转换角色,他们总是站在自己的立场上思考问题,以未来前途为由要求你的一言一行。因此,你千万要记住,父母做什么事情都是为了你好,你应该学会体谅父母的一片苦心,体会他们那份深深的爱。

那么,在与父母的实际交流中,如何坦诚地与父母相处呢?要学会理解父母,在你与父母之间架起理解的桥梁:沟通需要双方做出努力,孩子要主动亲近父母,努力跨越鸿沟,与父母携手同行;遇到事情学会与父母商量,商量是沟通的一个过程,可以有效地减少你们之间的冲突;彼此了解是沟通的前提,尊重理解却是最关键的,你可以进行换位思考,理解父母的一片苦心。另外,与父母沟通也是需要艺术的,你不妨多赞赏父母,让父母在欣喜之余接受你的意见;当父母跟你说话的时候,要学会认真倾听,这样可以减少父母的愤怒情绪;有时候,也可以帮助父母,充当一个小小男子汉。在与父母的交流过程中,不能太计较,要学会宽容。